跟着您读区志（二）

北京经济技术开发区档案数据中心　编

北京出版集团
北京出版社

图书在版编目（CIP）数据

跟着小亦读区志. 二/北京经济技术开发区档案数据中心编. — 北京：北京出版社，2023.12
ISBN 978-7-200-18293-4

Ⅰ. ①跟… Ⅱ. ①北… Ⅲ. ①技术开发区－概况－大兴区 Ⅳ. ① F127.13

中国国家版本馆 CIP 数据核字（2023）第 189901 号

跟着小亦读区志（二）
GENZHE XIAOYI DU QUZHI
北京经济技术开发区档案数据中心　编

*

北 京 出 版 集 团　出版
北 京 出 版 社
（北京北三环中路 6 号）
邮政编码：100120

网　　址：www.bph.com.cn
北 京 出 版 集 团 总 发 行
新 华 书 店 经 销
北京华联印刷有限公司印刷

*

787 毫米×1092 毫米　16 开本　13.5 印张　186 千字
2023 年 12 月第 1 版　2023 年 12 月第 1 次印刷
ISBN 978－7－200－18293－4
定价：80.00 元
如有印装质量问题，由本社负责调换
质量监督电话：010－58572393

目录

京东方 30 年——从危机边缘到领跑全球 …………… 1

诺基亚——经开区做好三个服务打造"星网模式"
………………………………………………………… 10

天地互连——让中国标准走向世界 ………………… 19

从德尔福万源到博格华纳——汽车核心配件龙头在
　经开区的 30 年 …………………………………… 29

北京奔驰——驰骋在经开区的中德合资典范 ………… 38

拜耳医药保健——与经开区的双向奔赴 ……………… 45

赛诺菲——三易其名，不改初心 ……………………… 53

赛升药业——独辟蹊径的民营药企 …………………… 62

百泰生物——中古医疗合作的见证 …………………… 70

悦康药业——做百分好药，建药业航母 ……………… 77

神州细胞、义翘神州——从经开区走出的生物医药
　"双子星" ………………………………………… 86

智飞绿竹——国产疫苗"小巨人"在经开区的 20 年
………………………………………………………… 95

SMC（中国）——经开区首家外商独资企业发展始末
………………………………………………………… 103

GE 医疗——助力实现"中国智造，服务全球"………… 113

施耐德——电气龙头的中国之旅……………………122

安川首钢——凤凰落栖泡桐树……………………131

蓝星北化机——老国企焕发新生机………………139

金风科技——在世界风电行业实现从"跟跑"到"领跑"
的转型……………………………………………148

京运通——国家认证的光伏"小巨人"……………157

诺赛基因——经开区首个国家级科研中心………166

康龙化成——助力经开区"新药智造"产业高地发展
……………………………………………………175

阿尔特——中国的"麦格纳"一直在路上…………183

资生堂丽源——创下多个第一的外商投资企业………191

可口可乐——在经开区的创新发展之路……………199

编后记……………………………………………208

京东方 30 年——
从危机边缘到领跑全球

2003 年,京东方科技集团股份有限公司在开发区建设国内首条依靠自主技术的液晶显示生产线——北京第 5 代 TFT-LCD 生产线。随着京东方 TFT-LCD 产业基地的投资建设,相关的上、下游厂家陆续向 TFT-LCD 产业聚集。

2009 年,北京市提出重点推进以京东方第 8.5 代 TFT-LCD 生产线项目为核心的数字电视产业园建设项目,开发区在土地政策、产业扶持、科技创新等方面给予入园企业鼓励和支持。

——《北京志·北京经济技术开发区志》P121、P122

站立在北京亦庄这块产业发展高地，总能触摸到世界产业前沿的脉动。2023年初，京东方科技集团股份有限公司（简称京东方）第6代新型半导体显示器件生产线在北京经开区开工，总投资额达290亿元。同样是在2023年，这家企业迎来了它的30周岁生日，步入"而立之年"。

京东方创立于1993年4月，是一家全球创新型物联网公司，也是全球半导体显示产品龙头企业。它诞生于北京，成长在经开区，30年来为国家制造业立下赫赫"战功"。截止到2022年，京东方累计自主专利申请超8万件，全球每4块显示屏，就有一块来自京东方。

虽然京东方现在已经成长为一家世界级的企业，但回望历史，它曾一度濒临破产，经历过转型的阵痛，也曾在战略的十字路口徘徊。

老国企辉煌不再，京东方应时而生

京东方的前身是北京电子管厂，被称为"中国电子工业的摇篮"，对新中国成立之初的经济建设和国防建设做出了很大贡献。可是，与其他老牌国企一样，在计划经济时代风光无限的电子管厂，却在20世纪八九十年代面向市场经济时，因为技术落后、体制僵化，陷入连年亏损、欠发工资的困境。

在同一时间，国家的经济体制改革正在如火如荼地推进当中。1992年10月，党的十四大召开，正式提出建设社会主义市场经济体制和国有企业建立现代企业制度的目标。在国企改制和民营经济发展的浪潮之下，北京电子管厂迎来了自己的命运分岔口。

个人的沉浮总是和时代紧紧地捆绑在一起。同样面临艰难选择的还有时任北京电子管厂副厂长的王东升。1992年9月，王东升正准备离职，却意外地收到了厂里提拔他为厂长的任命通知。新单位许诺，他在入职后能得到十分丰厚的薪资和福利。一边是负债累累的烂摊子，一边是待遇优厚

北京电子管厂厂区全貌（企业提供）

的好机会，何去何从，似乎彰明较著。但他能深深体会到同事们的难处。为了让曾经给予自己教导与爱护的老师傅们可以按时发工资，报销得了医药费，不用为了生活去菜市场捡白菜帮子，王东升咬咬牙，最终选择留了下来。

通过股份制改革、裁撤冗员、内部集资等一系列举措，厂里解决了企业在制度、人员、资金上的问题。1993年4月，北京电子管厂完成股份制改革，转型为混合所有制的北京东方电子集团股份有限公司，正式开始重生自强之路。在王东升等京东方第一代创业者的带领下，公司仅用一年时间就甩掉了多年亏损的帽子，解决了广大职工的吃饭问题，京东方这艘大船也由此起航。

为解决生存问题，京东方决定转向当时大热的CRT（彩色显像管）产业配套。京东方掌握的传统电真空技术与CRT保持着一定的技术连续性，这一优势使得新成立的京东方迅速站稳脚跟。

随后,京东方与日企成立了合资公司。京东方意识到,"合资不是目的,而是学习的机会、过程"。通过建立合资公司,京东方学习了日企的生产经验、品质管理认证、工匠精神、全球视野。这一方面给京东方带来了新产品和利润,另一方面也培育了技术人才和国际化的管理团队。1997年,公司盈利达4000多万元,并实现B股上市。2000年,京东方增发A股,手上有了10亿元。

上市,意味着公司有了脱离合资困局、"自立门户"的基本条件,可以开始自主选择发展方向了。在实现B股上市后,公司内有些意见主张做利润高的房地产业。而此前京东方在做的,一直是投资大、技术进步快、知识密集的电子器件,堪称"电子工业的心脏",是国家缺少的"核高基"(核心、高端、基础产业)。王东升说:"我那时候在思考,中国有点基础的都去搞房地产了,中国的工业化怎么办?中国工业化,我们能做点什么?"秉持着工业报国的理想主义情怀,京东方决定立足元器件制作背景,开始做显示零部件业务,并明确提出"进军液晶显示领域"的战略决策,为其以后领先全球的显示屏业务奠定了基础。

如果要用两句话来总结京东方的第一个十年,那就是:"筚路蓝缕,改制创业多坎坷;剑走偏锋,工业报国战略成。"

结缘北京亦庄,十年追赶终成全球领先

京东方的第二个十年,是在北京亦庄这块福地上突破"屏"颈的十年,也是京东方带领中国半导体显示产业突飞猛进的十年。

相继在A、B股上市后,京东方迎来了稳健成长的黄金时期。然而,当时"缺芯少屏"的中国,正身处消费电子产业及平板显示产业被扼住咽喉的困局,关键技术拿不到,产业发展上受制于人。在这种情况下,京东方选择通过一系列海外并购来切入液晶面板产业,并且加快了生产线自主

建设的步伐。

2003年1月，京东方以3.8亿美元的价格，收购了韩国现代电子的液晶业务，拿下其2.5代线（第2.5代TFT-LCD液晶屏生产线）、3代线和3.5代线，一举成为世界排行第九的液晶面板厂商。同年8月，京东方斥资10.5亿港元收购了香港冠捷科技26.36%的股份，一举控股了这个全球排名第二的显示器供应商，完善了TFT-LCD下游市场布局。

同样在2003年，京东方与北京经开区签约，宣布投资12亿美元建设一条5代线，并于2005年5月实现量产。这是中国大陆首条依靠自主技术的第5代TFT-LCD生产线，它的量产结束了中国大陆"无自主液晶显示屏时代"，也意味着京东方正式跨入TFT-LCD的门槛。

对京东方而言，收购和建线是梦想的开始，可没想到后面的路竟是那么艰难。当时遇到的第一个难题是资金短缺。先是完成了一系列的跨国并购，而后立即建立5代线，这需要不小的资金规模。公司依靠各家贷款好不容易筹到了钱，又受到市场上液晶显示屏价格大幅下跌的影响。第二个难题是技术人才匮乏。跨国并购使京东方获得的技术资源，并无法使其一夜之间就获得技术能力。所以，当时的京东方，迫切需要在实践中积累经验，通过建设北京5代线去启动一个高强度的技术学习过程，以此来发展自主的技术能力，实现"从无到有"。

惟其磨砺，始得玉成。在经历重重难关后，京东方积累了宝贵的技术和经验，各地生产线投建工作捷报频传，生产线技术逐步升级：2008年，京东方的第二条TFT-LCD生产线成都4.5代线开工建设，2009年10月实现量产；2009年，国内首条第6代TFT-LCD生产线在合肥开工建设，于2010年10月实现量产；同样是在2010年，中国大陆首条8.5代TFT-LCD生产线在北京经开区奠基，并于次年11月实现量产，打破了海外企业对中国高世代线的技术封锁，彻底结束了中国大尺寸液晶屏完全依赖进口的历史,也标志着北京成为名副其实的全球显示技术的创新中心;此后,京东方在合肥、重庆、福州也相继开建8.5代线;2015年12月,京东方在合肥投建全球第一条10.5代线,成为全球液晶产业格局的一个新的里程碑。

2011年,京东方第8.5代TFT-LCD生产线(企业提供)

"我们5代线是在2005年的5月份投产的,到2015年,整整10年的时间,我们从后进者到跟随者、追赶者,再到领先者,用10年的时间走完了人家用20多年、30多年走的路。"京东方工作人员谈到公司的10年追赶路,颇有感慨。

京东方的顺利并购与投建,离不开企业自身的努力,也离不开社会各界以及政府的支持。从国家战略的角度出发,发展半导体和电子器件是整个产业的需要。这一点,中央、北京市及经开区的各级领导都给予了绝对的理解与支持。8.5代线在北京亦庄开建前,国家领导人对项目非常关心,在银行行长会上进行推荐,让京东方有机会得到中国工商银行、国家开发银行的支持。早在京东方打算收购韩国现代电子显示技术株式会社（HYDIS）的TFT-LCD（薄膜晶体管液晶显示器件）业务时，北京市委市政府就为这个项目专题召开过两次交流会，收购计划得到了相关领导的一致支持；国家部委领导在听取企业汇报后说，这是个大好事，成功了国家要建立一个示范试点，失败了我们也会全力支持你。

北京经开区帮助京东方进行基础设施建设，不仅开通了办理手续的绿色通道，更以8.5代线为核心，促成康宁、冠捷科技和住友化学等世界领先企业就近配套，形成全球为数不多的"石英砂进，电视机整机出"的高端制造中心。这些支持更加坚定了京东方"扎根北京，扎根经开区"的决心。京东方的初期建设者经常会提到，北京经开区的老同志热心奉献，不为名利，一心只为区域建设发展，将支持战略新兴产业、服务国家发展视为一种担当，这些精神品质给企业带来了深深的触动。

在京东方的开拓者眼中，总有跟他们一样在不同岗位上奋斗的理想主义者，大家如同战友般相互扶持，携手走出一条新路。京东方诞生于北京，到经开区以后得到了成长。其创业者们深爱着北京经开区这片土地，怀揣着感恩之心、敬畏之心、超越之心，致力于以企业的力量献力于国家、北京经开区的科技和经济建设，实现企业效益与社会效益的"双赢"。

在第二个十年里，京东方带领中国显示产业完成了从0到1的全新突破，在北京亦庄这片京南热土上实现了"从无到有，从有到大，从大到强"的历史性飞跃，也为结束中国的"缺芯少屏"做出了巨大贡献。

与时偕行，战略转型物联网

2014年的京东方，总资产已超千亿元，是中国唯一能够自主研发、生产和制造1.5～110英寸（1英寸=2.54厘米）全系列半导体显示产品的企业，智能手机和平板电脑LCD显示屏市场占有率位居全球第一。

2014年8月,京东方北京工厂生产线一角(企业提供)

想要寻求突破,就要超越自己。在显示面板领域地位稳固,在显示屏技术、人工智能、大数据等领域技术积累日臻成熟后,京东方开启了物联网战略转型之路。

当时,谷歌和微软也开始了物联网布局。2014年,京东方启动物联网战略转型,由原来的显示器件事业向显示与传感事业、智慧系统事业、健康服务事业延展。2019年,集团CEO陈炎顺接替创始人王东升出任京东方董事长,并在2021年进一步提出"屏之物联"发展战略,将屏幕集成更多功能、衍生更多形态、植入更多场景,形成了以半导体显示为核心,物联网创新、传感器及解决方案、MLED、智慧医工融合发展的"1+4+N+生态链"业务架构。同时,北京经开区立足产业规划全局,与京东方开展全面战略合作,推动京东方智慧物联创新中心全国总部的落地,进一步完善显示行业的生态。

如今,京东方在国际、国内重要舞台上频频亮相。2022年2月4日晚,

2022年，京东方推出行业首款 LTPS P0.9 玻璃基 MLED 产品（企业提供）

北京冬奥盛会在"鸟巢"盛大开幕。在开幕式中，流光溢彩的8K超级地屏和巨型"雪花"主火炬台惊艳亮相，令全球观众大饱眼福。这场盛会上，处处可见京东方科技的力量，展现其深扎显示和物联网领域的丰硕成果。

细数之前几年的国际赛事和国家大型活动，从2016年里约热内卢奥运会全球首次顶级赛事8K超高清实况转播，到庆祝中华人民共和国成立70周年联欢活动上3290块光影屏表演，再到东京奥运会为中国击剑队提供智慧一体机作为训练的"秘密武器"，京东方以物联网创新解决方案，向世界展示了科技与艺术交融的瑰丽之景。

30年淬火成钢，京东方的历史，不仅是一个世界级企业的成长史，更是一部浓缩的中国电子工业发展史。从液晶屏到物联网，京东方坚持以战略为引擎，视质量为生命，将创新刻入基因，努力实现"成为地球上最受人尊敬的伟大企业"之愿景。正是这样的奋斗精神和责任担当，使得这家有着深厚历史和坚实内核的企业始终站在时代的前端，走在行业的前列。

（李蓉）

诺基亚——经开区做好三个服务打造"星网模式"

> 星网（国际）工业园（简称星网工业园），始建于2000年5月，占地75公顷，先后吸纳了包括诺基亚、IBM、三洋等10余家世界500强及全球领先的跨国公司投资的企业入园，总投资额超过12亿美元。是北京市面对新世纪即将带来的挑战和机遇，实施扩大开放战略，引入的外商投资高科技企业集聚重大项目。
>
> ——《北京志·北京经济技术开发区志》P471

科技的进步，不断地改变着人们的生活方式。如今，人手一部的智能手机可以说是居家出行必备物品，娱乐、工作、生活等方方面面都与智能手机深度捆绑。诺基亚，这个曾连续十几年占据全球手机份额第一的品牌，在智能手机时代已逐渐淡出人们的视野。

然而，诺基亚在北京经开区的产业发展史上却留下了浓墨重彩的一笔：星网（国际）工业园（简称星网工业园）的建设开创了引进龙头企业带动整条供应链入区的先河，形成了多家跨国公司联合投资参与全球竞争的新模式，政企协同下创造了世界上独有的"星网工业园海关监管模式"。诺基亚的入区以及星网工业园的建设，也对北京经开区产业发展模式等产生了深刻影响。

2011年，诺基亚手机Nokia Asha 3000（企业提供）

给足产业发展空间　做好水电气热等基础保障服务

诺基亚，起源于芬兰的"诺基亚河"沿岸，由一家木材纸浆厂起步，此后逐步发展为21世纪全球移动通信的领导品牌之一。这家芬兰公司创建于1865年，120年后，在北京开设了第一家办事处，用电缆、光缆和传

输设备敲开了中国的大门。彼时，诺基亚只是中国电信终端产业的一个配角。1994年，中国联通成立，中国拉开了电信行业改革的序幕。诺基亚看准蕴藏的商机，1995年，已成为中国最大电缆设备供应商的诺基亚在中国正式成立合资企业，此后陆续在北京、苏州、东莞等地建立生产基地。

随着企业进入快速发展阶段，芬兰诺基亚开始对北美、东南亚、中国等地区进行考察，计划采用制造集群的模式建立新的生产基地，作为诺基亚全球战略调整的重点之一。此时诺基亚在酒仙桥的场地已没有更多的发展空间，北京诺基亚计划将移动电话、基站等生产车间迁出，另寻新址。1999年5月，北京经开区得知此信息后快速反应，连续召开项目协调会进行专题研究，组建了由主要领导领衔的招商团队，明确分工，启动相关调研工作。同时主动向外经贸部、市计委等相关主管部门汇报相关工作并寻求支持。6月，市政府领导到北京经开区现场办公时做出指示：在引进外资大项目上要有所突破，千方百计把诺基亚引进来。7月，招商团队主动拜访诺基亚中国和北京诺基亚，沟通将诺基亚北京基地迁至北京经开区事宜。诺基亚公司有关负责人、北京诺基亚公司负责人及北京邮电通信设备厂（北京诺基亚公司中方合资伙伴）企管处有关负责人多次到北京经开区考察。

通过综合考察交流，北京经开区的综合优势得到项目各方的一致赞赏：北京经开区的综合环境、硬件设施、政策环境、发展空间、交通、服务软环境等，均适合诺基亚项目整体迁入需要，也具备诺基亚在北京地区长远发展的条件。其中，发展空间方面，北京经开区为该项目选定了20公顷的工业用地，并为其长远发展预留了10多公顷工业用地，为后期诺基亚大中国区总部和研发中心落户奠定了基础。同时，北京经开区管委会充分了解诺基亚中国、北京诺基亚的要求，在力所能及范围内为项目顺利进驻提供跟踪服务。1999年12月31日，诺基亚中国负责人向市政府报告，诺基亚全球总部决定诺基亚工业园落户北京经开区。

为了支持诺基亚项目入区，北京经开区开拓了招商引资、规划建设和组建园区建设公司三条工作线并行的工作模式，提出最低标准是基础设施建设要与诺基亚项目进区同步完成。但当时的基础设施与目标差距甚大，水、电、气、热等各种管线都需从北京经开区的起步区向中部延伸，其中电力问题难度最大。此前，北京经开区电力系统只有一座110千伏变电站，保证起步区的生产、生活用电。随着区域的发展，用电需求增长，用电报装容量已达18万千伏安。2000年5月，诺基亚星网工业园开工建设，诺基亚相关配套企业陆续入区，用电报装容量预估达21万千伏安左右，原有的变电站已不能满足发展需要。

2000年5月8日，星网工业园奠基（企业提供）

考虑到建设大型变电站的立项、选址、设计、建设、设备安装、调试的周期，北京经开区于2000年5月底着手筹备建设新的变电站。在市、区两级供电部门的支持下，110千伏变电站建设很快立项成功，并在华北电管局和市政府的协调下准备好所需设备，进入建设阶段。经与供电局协商，决定由北京经开区自己安排变电站建设。2001年12月，北京经开区

第二座110千伏变电站——景园街110千伏变电站动工，2002年2月投入运行，创造了变电站建设的"亦庄速度"。该变电站的按时送电，解决了星网工业园投产后的供电保障问题，确保了星网工业园的用电需求和供电的可靠性。

创新海关监管模式　　做好产品"零库存"保障服务

诺基亚项目入区谈判期间，诺基亚公司提出，希望采用建设统一运行管理工业园的方式使用北京经开区土地、实现"24小时通关"及"零库存"等运营、物流管理服务需求，其中海关监管模式是决定企业能否实现零库存的关键。恰好，北京经开区在海关监管模式方面有独特的优势，早在1997年就实现对SMC中国、GE医疗、松下电工三家企业的加工贸易全过程联网监管，已有比较成熟的单个企业联网监管模式。

诺基亚要求实现"零库存""24小时通关"，需要海关对星网工业园内的企业集群进行监管。这个企业集群里，所有企业与诺基亚公司都是供应链的关系。对于海关监管来说，每部手机生产时所需的零部件供应商与诺基亚交易，都与诺基亚有深加工结转关系，即每次交易都需要向海关申请报关。一个小配件在报关的时候延误了，很可能就会使整条生产线陷入停顿。怎样确保生产和"零库存"的顺利进行，实现"早上接单，晚上发货"，对诺基亚是个新课题，对北京经开区来说也是一个新课题。

为了探索适应星网工业园的监管模式，亦庄海关提出一个新的监管模式，设置一个公用的信息平台——中央物流管理系统（CSMS），海关通过平台可查看所有企业的物流状况，同时也能实时监控整个星网工业园里的物流情况，在此情况下，允许企业随时结转，定期报关。最终，在海关总署的支持下，北京海关、亦庄海关与诺基亚及星网企业协同，仅用3个月时间便开发出一个集入出库申报、出库实时监控和集中报关、出库未报关预警等功能于一体的保税仓库管理子系统。

整个联网监管平台前后经过 1 年多的建设，历经大小技术协调会 100 余次，于 2002 年 7 月投入试运行。"一点切入、多点监控"不围网式的产业集群联网监管模式成功实现，一套集保税仓库管理和"区域化加工贸易联网监管"功能于一体的中央物流管理系统（CSMS）顺利投入使用。由此实现的数据围网下的"不围网的区域化加工贸易联网监管"，实现了海关加工贸易监管工作从"以企业为单元点对点式联网监管"到"以园区为单元不围网的联网监管"的又一次飞跃。

2002 年 9 月，诺基亚星网工业园全景（企业提供）

构建完整的产业链　做好物流"零距离"保障服务

诺基亚进入中国后，在北京、苏州、东莞等地相继建立了生产基地。至 1999 年，作为跨国企业的诺基亚已经在全球拥有众多优秀的供应商，但诺基亚在中国的生产过程中所需的核心部件及零配件仍需从国外进口或从中国各地的代工厂商分散地采购。1999 年，诺基亚提出在全球按照产业链模式建设高科技生产基地，实现"零库存"和规模经济的设想。

诺基亚生产基地落户后,北京经开区提供的发展空间和海关联网监管基础为其构建"零距离"的本地供应链体系提供了可能性。2000年5月8日,星网工业园开工奠基,当年年底诺基亚北京的9条生产线搬入位于北京经开区的中和工业园标准厂房内,其中7条生产线投产。星网工业园的建设,吸引了诺基亚全球的主要供应商纷纷入区。入园企业按照上下游关系组建成手机产业链,生产电池的三洋能源,生产主板、机壳、充电器的富士康,生产射频原件集成电路的威讯联合半导体等9家核心企业,根据诺基亚的需求开工生产。星网物流中心提供星网工业园内货物的报关、运输、存储、配送和仓库管理等服务,以满足园区企业产品生产周期短、数量大、企业间深加工结转频繁及一天24小时不间断运转的要求。诺基亚将整条产业链依据订单生产,借助海关创新举措在计算机上监管物流配送,产品从生产线下来直接发给用户而不再进入库房,实现了物流的"零距离"和产品的"零库存",最大限度地降低成本、

2001年12月20日,北京首信诺基亚新厂房投产(企业提供)

提高效率。

2005年底,星网工业园以诺基亚北京为核心,吸引近20家主要手机零配件和服务供应商,共同组建了世界一流的移动通信生产基地。2006年,诺基亚中国园落户北京经开区,诺基亚大中国区总部、研发中心进入星网工业园,星网工业园成为集技术研发、产品设计、生产运营、采购、物流和地区总部于一体的世界级移动通信高科技园区之一。

2008年4月21日,诺基亚中国园开园(企业提供)

诺基亚按照"产业链"模式,整合众多企业资源建设高科技生产基地的模式,被称为"星网模式"。"星网模式"被哈佛商学院选取为商业案例加以研究,成为世界园区建设的典范。"星网模式"也在印度、匈牙利、墨西哥等国家复制,助推诺基亚创造出全球市场占有率达40%以上的奇迹。

"星网模式"为北京经开区优化产业结构和资源、降低高新技术企业成本、拓宽发展空间提供了新的发展思路,即吸纳龙头企业,围绕龙头企

业发展产业链条，以产业链为主脉，逐步壮大成为主导产业。北京经开区也从单纯引进企业向注重培育产业园区演变，从企业的科技含量、产品市场以及产业关联度，有选择地抓龙头项目，以商引商，产生带动效应，形成产业基地。

2013年9月，微软宣布以71.7亿美元收购诺基亚旗下的大部分手机业务和专利许可证。2015年1月25日，诺基亚北京工厂停产。亦庄海关开展了为期一年的实时追踪，完成诺基亚关停后续监管工作和电子化手册核销工作。由此，诺基亚手机业务结束了在北京经开区的发展历史。

2017年，曾获美国绿色建筑协会（USGBC）新建商用建筑类"绿色大楼"金奖的诺基亚绿色大楼，迎来了北汽新能源总部。2022年，"星网·北汽蓝谷"项目被评为北京城市更新优秀案例，成为北京经开区城市更新的重要实践。如今，曾经的星网工业园区域逐渐聚集了北汽新能源、威讯联合半导体、智飞绿竹、京东乾石等企业，从单一的电子信息产业园区更新为四大主导产业的聚集地，以全新的面貌继续推动亦庄新城高质量发展。

（李秀芬）

天地互连——让中国标准走向世界

> 1999年11月22日，北京天地互连信息技术有限公司（简称天地互连公司）在开发区宏达北路12号成立，注册资本1000万元。公司是专注于互联网域名系统（DNS）、下一代互联网（IPv6）、软件定义网络（SDN）等领域互联网基础技术公共服务的平台。
>
> ——《北京志·北京经济技术开发区志》P219

"多年来,我一直有一个梦想,让越来越多的中国标准走向世界。"这是下一代互联网国家工程中心主任刘东的心声,也是下一代互联网国家工程中心的承建单位北京天地互连信息技术有限公司(简称天地互连)成立20多年的信念。

正如刘东所愿,经开区企业天地互连经过20多年发展,以IPv6(Internet Protocol Version 6,互联网协议第6版)和数据流通等为研究重点,参与全球技术标准化和市场化工作,开展关键信息基础设施研究和运营,开展网络和数据流通安全、性能、一致性等第三方测试认证业务,已成为领先的互联网基础技术公共服务平台,推动全球互联互通。

梦想起航,探索下一代互联网

天地互连最初的发展始于1995年,在国务院发展研究中心的支持下,从事互联网技术研究的归国留学人员和政府智库人员共同创立了国内首家互联网研究所——北京英纳特网络研究所,目的是跟踪国际互联网的最新进展和一些新的商业模式,当时担任所长的是刘东。同年,他们开始参与国家信息高速公路课题研究与规划,还组织举办了首次中国国际互联网国际研讨会,国际互联网工程任务组也在这年提出了IPv6协议。

对于当时从事科研的人来说,互联网带来了海量信息,也让他们意识到网络技术将有无限可能。在萌生进入网络前沿技术领域的想法后,1999年刘东组建团队成立了天地互连,研究和开发的重点就是IPv6的应用产品和服务。考虑到北京经开区是我国改革开放的前沿阵地,拥有良好的政策环境、高效的政务服务,公司把注册地放在了经开区。

天地互连成立之初,互联网领域对IPv6的使用并不成熟,公司的主要目标还是培育市场。2000年天地互连建立了我国第一个面向商用的IPv6实验床,其所连接的全球主要IPv6实验及商用网络超过15个。该实验床中包含了世界著名厂商支持IPv6的路由器、服务器、操作系统及测试设备。2001年，天地互连与北京邮电大学联合成立下一代互联网研发中心，推动下一代网络/IPv6重要科技向生产力转化。2002年3月，天地互连与信息产业部传输所联合建立下一代IP电信实验室，该项目是信息产业部的下一代网络/IPv6唯一示范项目。2003年，天地互连先后参与承建了中国电信的首个商用IPv6实验网，信息产业部电信研究院的下一代互联网实验网络6TNet，中国电信集团北京、上海、广州IPv6实验网，中国网通集团北京IPv6实验网等主要实验网络；并且担任全球IPv6论坛理事单位，承办首次在中国召开的全球IPv6高峰会议。在2005年的中国下一代互联网示范工程项目中，天地互连参与承建中国电信总部的通用业务平台，联合中国网通集团承建下一代互联网视频监控系统。

2003年，天地互连担任全球IPv6论坛理事单位并承办首次在中国召开的全球IPv6高峰会议（企业提供）

通过近5年的下一代网络产业部署实践，天地互连的多数自主产品已经在中国主要的IPv6实验网及应用示范项目中得到规模部署和验证，并获得了用户的广泛认可。以天地互连为代表的中方企业及科研单位在IPv6 ShowNet、6Tnet、IPv6 Ready认证行动和全球IPv6论坛的扎实经验基础和优秀表现，赢得了全球的认可。2007年，天地互连成功中标欧盟第六框架Go4IT项目（面向未来信息技术项目），该项目作为以企业为主体的"产学研"结合项目，联合北京邮电大学等科研单位和国际先进企业合作，实现了下一代互联网的重大突破，并产生了多项核心技术和核心产品。

2007年11月，天地互连主办国际SIP技术大会（企业提供）

  2008年，天地互连联合全球IPv6论坛建设了全球最大的IPv6测试认证与服务中心，推动IPv6在全球的广泛部署。至2023年，已为来自中国、美国、德国、法国、英国、加拿大、日本、巴西、澳大利亚等全球20多个国家和地区的200余家企业提供了IPv6检测服务，为全球超过50000家大型网站和ISP（互联网服务提供商）提供IPv6服务认证，为超过3000款各类IPv6系统设备和终端设备提供IPv6设备认证，支撑了重点行业和地区向下一代互联网的过渡。同年，天地互连全面参与2008北京奥运会

IPv6改造和建设项目，荣获科技奥运先进集体称号。

随着网络技术的飞速发展，2011年起，全球IPv4地址总库正式宣告枯竭，物联网、三网融合、移动互联网对IP地址的需求十分迫切，全球政府、运营商、设备制造商、服务提供商、科研机构积极行动都明确了下一代互联网的推进战略和实施计划。天地互连吸取在IPv4时代IP地址仅占全球不足8%的教训，积极部署IPv6成为下一代互联网领跑者。

建立国家级工程中心，提升技术创新能力

全球IPv6部署规模自2012年起呈现出快速增长的态势。2012年8月，全球已有201个国家申请了IPv6地址，全球共有77家电信运营商提供IPv6的商用接入服务。与此同时，IPv6的用户数也出现了显著增长。全球IPv6的规模商用部署已拉开序幕并进入加速推进之中。

中国政府也高度重视下一代互联网的发展。国民经济"十二五"规划明确中国发展下一代互联网的路线图和主要目标。指出要重点发展下一代互联网等新一代信息基础产业，实施相关战略性新兴产业创新发展工程。

天地互连顺势而为，2012年在经开区管委会的帮助下核定和推进相关办理流程，承建了下一代互联网关键技术和评测北京市工程研究中心（简称下一代互联网北京市工程中心），以IPv6下一代互联网、数据治理、DNS根服务器、软件定义网络（SDN）、网络功能虚拟化（NFV）以及区块链、人工智能网络等先进网络技术为研究重心，搭建"互联网基础技术公共服务平台"，参与全球网络技术标准化和市场化工作，建设运营关键信息基础设施，开展网络安全、性能、一致性等第三方测试认证业务，推动全球网络互联互通。

2015年底，经国家发改委批复，下一代互联网北京市工程中心正式获批升级成为国家地方联合工程研究中心"下一代互联网关键技术和评

2014年,天地互连联手FNII共同推动中国未来网络跨越式发展(周悦摄)

测国家地方联合工程研究中心"(简称下一代互联网国家工程中心,China Future Internet Engineering Center,CFIEC),天地互连董事长刘东任下一代互联网国家工程中心主任。此举进一步推动中国下一代互联网部署,加速技术标准创新,拓展网络空间,支撑"互联网+"行动计划的快速实施。

同年,致力于加速发展SDN技术的非营利组织开放网络基金会(ONF),授权下一代互联网国家工程中心建立"全球SDN测试认证中心",面向全球开展Open Flow测试认证服务。下一代互联网国家工程中心作为ONF的一员,还负责推进SDN和OpenFlow协议在中国运营商、数据中心、互联网公司和大型企业等方面的部署和商业化。

此时,IPv4地址已经枯竭,现有网络技术在稳定性和安全性方面面临着重大的隐患,而根服务器是国际互联网最重要的战略基础设施,是互联网通信的"中枢"。由下一代互联网国家工程中心主导的全新技术架构的全球下一代互联网（IPv6）根服务器测试和运营实验项目——"雪人计划"在经开区正式发布。该计划打破了互联网根服务器数量之前一直被限定为13个IPv6根服务器的困局。"雪人计划"面向全球招募25个根服务器运营志愿单位，共同对IPv6根服务器运营、域名系统安全扩展密钥签名和密钥轮转等方面进行测试验证。这是全球首次提出并实践了"一个命名体系，多种寻址方式"的根服务器顶层设计。该项目同时在电力、石油、高校等多个领域进行了实验部署，而且应用于多国网络交换中心和海外组织，在业内引起了广泛关注。

2016年起，天地互连在"雪人计划"的基础上，与多个国家和合作伙伴正式开启了IPv6根服务器的全球运营，这一步骤显著提升了天地互连在全球互联网技术领域的地位。

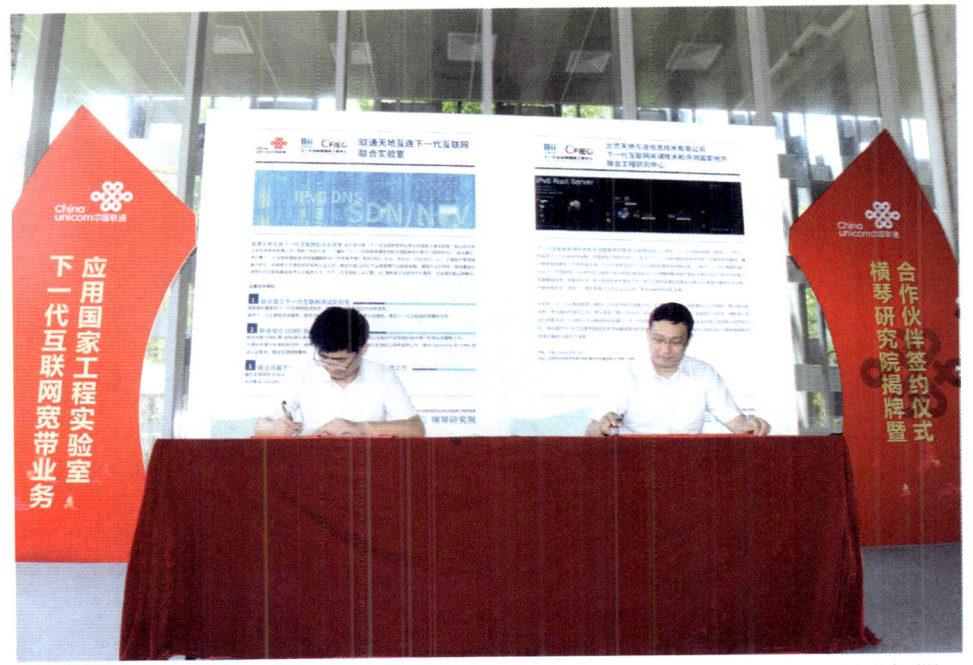

2017年，天地互连与中国联通联合成立"联通天地互连下一代互联网联合实验室"（企业提供）

制定标准,掌握更多国际话语权

随着公司业务发展壮大,天地互连越来越意识到,想生存必须做高标准,在做技术前先确定标准,这成为亟待完成的工作。天地互连董事长刘东曾说:"在很多领域,尤其是前沿网络技术方面,标准就是话语权,掌握国际标准的制定权,就相当于掌握了游戏规则。"

2012年4月,由天地互连、中国电信等中国企业主导的国际标准IEEE 1888标准提请进入国际标准化组织ISO/IEC。2013年,经开区持续加大对企业的支持力度,加速了天地互连国际合作项目、国际组织落户等项目进程。经过近3年的推进,终于在2015年3月2日,由天地互连、中国电信等国内外单位共同发起推动的IEEE 1888国际标准被正式接纳为ISO/IEC国际标准,最终发布版本号为ISO/IEC/IEEE 18880。至此,全球能源互联网产业首个ISO/IEC/IEEE国际标准正式落地。该标准是由中国自主创新的"互联网+能源"标准。这不仅是对中国技术创新和国际化水平的高度认可,也是中国力量在国际标准化领域的影响力逐渐增强的体现。

制定该标准并非易事,天地互连董事长刘东回忆说:"IEEE 1888在标准投票机制中,有一个很重要的条件,就是要满足两个75%。首先,标准组成员投票时要有75%对IEEE 1888标准感兴趣并参与投票;其次,在75%参加投票的成员中,还要有75%的成员支持。"当时最困难的是国际协调,中国做了太多年的国际化跟随者,在那个时候想获取别人的信任都是件奢侈的事情。在IEEE成员中,有很多成员来自欧洲、美国和日本大企业,要想最后的结果达到两个75%,不仅需要用多国语言进行沟通,还要找到关键人物说服他们投上一票,非常不容易。在转化过程中,获得了国家标准管理委员会、主管部门以及合作伙伴的大力支持,经过多次国际会议讨论,最终从技术、产业等多层面解决了韩国、美国等多国质疑,突破了重重阻击,IEEE 1888标准顺利通过。

扎根经开区，助力数字经济发展

在全球数字化的时代大潮下，IPv6下一代互联网是未来发展的必由之路。在2019年，下一代互联网国家工程中心与APNIC亚太互联网络信息中心全面开展战略合作，在IPv6技术创新、地址管理、发展监测、新型基础设施、人才培养、标准制定等众多方面展开深入合作，助力亚太地区乃至全球数字经济发展。

2021年，在北京经开区5G等新型基础设施加快建设之时，工信部联合中央网信办发布《IPv6流量提升三年专项行动计划（2021—2023年）》，围绕IPv6流量提升总体目标，明确了未来三年的重点发展任务，这标志着我国IPv6发展正式步入"流量提升"时代，而经开区内的下一代互联网国家工程中心是主要推进力量，意味着IPv6+5G正在北京经开区发生"蝶变"，带动信息产业发展，将产生巨大的经济效应。

2022年，全球IPv6论坛联合下一代互联网国家工程中心发布了《2022全球IPv6支持度白皮书》，进一步展示了天地互连在全球网络技术领域的领导力。同年，下一代互联网国家工程中心正式成为国家互联网应急中心授权的"网络安全能力认证——数据出境安全"运营机构，为提升数据出境安全管理领域的人才水平提供支撑，并助力数据出境安全管理建设，为数据安全合规有序跨境流通保驾护航。

北京经开区作为企业发展坚实的后盾，为天地互连提供了优越的政策支持和服务，汇聚了众多上下游产业链企业，形成了良好的新一代信息技术产业生态。在经开区的大力支持下，天地互连取得了一系列前瞻性技术成果和良好的应用成效。

2023年，北京经开区成为北京数据基础制度先行区的重要支撑。天地互连在北京经开区牵头成立北京国际数据实验室、国际数据空间协会（IDSA）中国能力中心，并与国际数据空间协会、全球IPv6论坛、北京国

际大数据交易所签订推动全球数据流通合作协议，建立战略合作伙伴关系，在规则、技术、标准、实践以及产业生态等多个方面协作，共建数据基础设施，助力全球数据流通，驱动全球数字经济发展。"一个实验室、一个能力中心、一份国际协议"就是天地互连服务北京数据基础制度先行区探索的一个新模式、新路径。天地互连将以新一代信息技术赋能数据流通，开展数据基础设施研究和建设，构建国内国外数据流通双通道，服务北京数据基础制度先行区建设，开展数据空间的技术研发和标准建立，推动产业和产业链数据共享，推动北京经开区成为国际数据流通生态体系的连接器。

（侯素娟）

从德尔福万源到博格华纳——
汽车核心配件龙头在经开区的 30 年

> 1999 年 10 月,美国德尔福公司与北京万源工业公司重新合资成立北京德尔福万源发动机管理系统有限公司,并于 2000 年开始投产,开发与国产化福特、丰田四缸 2.0/2.2 升发动机配套的电喷系统,可应用到东风、东南汽车、沈阳金杯、北汽福田、海南马自达等多种车型上。
>
> ——《北京志·北京经济技术开发区志》P174

在平均气温零下30℃的黑龙江黑河，在平均气温40℃以上的新疆吐鲁番盆地，在平均海拔4000米以上的青藏高原……在中国最严酷的地理和气候环境下，有一群驾驶着搭载德尔福万源公司设计和制造产品的"试车人"（汽车工程师），他们不辞辛劳，不惧严寒酷暑，用一遍遍重复的汽车性能测试寻找着汽车动力系统的各种创新技术解决方案。也正是这样一种执着的工匠精神让北京德尔福万源发动机管理系统有限公司生产的汽车发动机管理系统成为汽车动力的核心。

2007年12月，德尔福万源在黑河完成发动机管理系统国Ⅳ标准高寒试验（企业提供）

从租厂到建厂，德尔福安家经开区

北京德尔福万源发动机管理系统有限公司其前身是中国首家汽车电喷中外合资企业北京万源通用汽车电控有限公司，生产汽车电控系统及相关零部件。公司由美国通用汽车零部件集团与中国运载火箭研究院下属的北京万源工业公司合资组建，于1994年2月5日在人民大会堂举行成立大会。1995年，美国通用汽车零部件集团从美国通用汽车公司独立后，更名为美国德尔福汽车系统公司，成为当时世界上最大的汽车零部件公司，是世界500强企业。于是，北京万源通用汽车电控有限公司也更名为北京德尔福汽车系统有限公司。1999年，公司名称再度变更为北京德尔福万源发动机管理系统有限公司，专研汽车核心零部件——汽车发动机管理系统（电子燃油喷射系统，简称电喷系统）。

如果说发动机是汽车的"心脏"，那电喷系统就是控制汽车发动机的"大脑"。该产品使汽车发动机性能达到最佳状态的同时，也能使汽车排放满足世界公认的排放法规标准。

1999年元月，北京地区在全国范围内率先开始执行DB11/105—1998北京市地方排放控制标准，中国汽车发动机零部件市场呈现出开阔的市场前景。美国德尔福公司在选定进入中国市场的开发目标后，迅速与中国运载火箭研究院下属的北京万源工业公司进行了新的合资谈判。与此同时，地处京城东南、享有国家级经济技术开发区和高新技术产业园区双重优惠政策的北京经济技术开发区向企业发来招商引资的邀请。得益于首都北京政府机关单位及权威行业机构密集、政策发布先行先试、人才资源丰富的优势，德尔福项目落地北京顺利且迅速。1999年10月，美国德尔福公司与北京万源工业公司在原有公司的基础上重新组建成立北京德尔福万源发动机管理系统有限公司（简称德尔福万源），厂房租用在位于经开区核心区的永昌工业园中。

2000年，德尔福万源生产的电喷系统零部件在永昌工业园中一个1000平方米的单元标准通用厂房内投产，并开始批量供应。2002年，适逢经开区核心区扩大建设，德尔福万源的产品产量和生产线规模进一步扩大，公司搬入由北京万源工业公司出资建设的位于经开区同济北路6号的新厂房，面积约为6000平方米的厂房严格按照美国德尔福公司提出的要求建设。

2010年，德尔福万源成为北京市政府"十百千工程"中首批123家重点扶持培养和发展的企业之一，其培养和发展目标是成为50亿级企业。为达成北京市政府的"十百千工程"规划目标，德尔福万源必须加大投入，扩建工厂和技术中心。不同于前期租用厂房生产，这一次，德尔福万源中国团队达成一致，打破外国投资方不愿建厂的传统，决定在经开区投资建设一个现代化汽车发动机管理系统研发与制造基地，正式安家北京。

2010年，德尔福万源生产车间（企业提供）

此时正值经开区河西区启动建设，经开区对德尔福万源建厂项目给予大力支持。项目选址在面积约为3万平方米的河西区X69地块。选址筹建过程困难重重，经管委会和各方的协调、现场办公下，该地块所在位置的原太和区中学按期腾撤，未耽误工期；经管委会协调，建厂准备中，价值至少两三百万元的细沙土由一辆接一辆的大卡车直发工地，将厂址地面地基垫高35厘米之多；为方便物流，德尔福万源工厂需正对博兴路主路开设东门，在相关部门的协调下，德尔福万源成为除北京奔驰外唯一被批准在博兴路主路开设厂门的企业。

2011年10月，建设项目工地打下第一根桩，2012年10月基地落成，前后只用了12个月的时间。现代化汽车发动机管理系统研发与制造基地建成后，包括厂房、试验中心、试验场及试车跑道，用地面积约3万平方米，建筑面积29407平方米（包括生产厂房、试验楼、办公楼及动力等辅助设施）。在2012年12月，公司由之前租用的经开区同济北路6号搬入博兴路19号，标志着德尔福万源彻底告别租用厂房的历史，正式安家经开区。年内，德尔福万源以27亿元的年销售收入跑赢全国市场。但这仅仅是一个新的起点，同年德尔福万源成功签约北京奔驰、北京大众，一脚迈进高端市场供给的大门。新厂建成2条点火线圈生产线，专供北京奔驰汽车有限公司和大众汽车（中国）投资有限公司项目使用。在此基础上，德尔福万源的生产产能及研发能力都成倍增加，进一步满足市场快速增长的产品生产与研发服务需求。

同频汽车工业，完成市场结构转变

一直以来，德尔福万源的成长与整个中国汽车行业的成长紧紧相连。在20世纪90年代，中国汽车市场中以大众为代表的轿车市场主要以欧洲车型为主，这种车型的电喷系统主要由德国博世供货。彼时，国内微型车产量80％在国防工业系统，于是，德尔福万源选择与有较强市场开发能力的中国运载火箭研究院旗下北京万源工业公司联手"开荒"微型车市场。

从2001年起，我国借鉴欧洲的汽车排放法规制定了自己的汽车排放标准，于2001年7月1日全面实施国Ⅰ标准。时至今日，中国的排放法规经历了从国Ⅰ到国Ⅵ，20年的时间里完成了发达国家几十年走过的路。每一次法规的提升都伴随着德尔福万源产品和技术的革新、进步以及产品质量的不断提升。伴随着国家对汽车产品要求的一代代发展，德尔福万源产品的功能更加完善、强大，成本不断降低。

从2000年电喷系统投产到2007年，公司的销售收入扩大了30倍，至2007年底公司以350多名员工的杠杆撬动了年人均销售收入550万元以上的巨大收益。在这8年里，中国的汽车市场也经历了快速发展，产销量从100万辆增加到900万辆，超过了日本和德国，成为世界第二汽车生产国，逐步趋于稳定发展。进入2008年，中国汽车工业要实现从量的增长到质的飞跃，为了世界范围的环境保护和能源节约，中国以迎接2008年北京奥运会为契机，快速推进更高环保排放法规和油耗法规，以提升汽车工业整体的技术水平，给德尔福万源提供了更新的机会和更高的挑战。

2008年8月，德尔福万源在青藏高原完成中国自主品牌汽车德尔福电喷系统国Ⅳ排放标准试验（企业提供）

在此期间，德尔福万源不断研发新的技术以满足国家不断加严的法规要求；不断扩大应用范围，把新的技术应用到更多车厂的更多车型，完成了从以供应微型车市场为主到向以供应轿车市场为主的产品结构过渡。2009年公司基本完成了面向所有客户的满足国Ⅳ排放法规要求的电喷系统开发任务和以轿车为主的产品结构调整，给轿车配套的电喷系统已占全部供货的60%以上。

如今，德尔福万源已拥有40多条生产线，可以进行各类电喷系统零部件的本地化生产。国产化项目产品主要为电喷系统零件的国产化生产，包括喷油系统、燃油输送系统、供气调节系统、传感器类、排放检测传感器、点火线圈等，均符合世界公认的排放法规标准。公司成为国内汽车市场发动机管理系统的第二大供应商，市场占有率为10%以上。在经开区，德尔福万源锐意进取，一刻不曾懈怠，围绕产业链上下游企业的配套布局，用一如既往的高质量产品和特色化服务，为推动北京经开区高端汽车及新能源汽车关键零部件产业园建设贡献力量。

廿载硕果累累，不断实现自我革新

2015年以来，汽车"电动化、智能化、网联化、共享化"趋势的加剧正在催生汽车及交通行业的进一步发展，美国德尔福汽车公司伴随市场结构变化再次面临着整型重组。2017年12月4日，美国德尔福汽车公司正式完成对其动力总成业务部门的拆分，并改名安波福有限公司，专注于自动驾驶、数据、车联网等前沿科技业务。其动力总成业务部拆分后起名为德尔福科技有限公司（北京德尔福万源发动机管理系统有限公司隶属于德尔福科技），作为一家独立的上市公司于同日正式上市。通过剥离、收购、合作、拆分，曾经全球最大的汽车零部件公司德尔福，完成了继脱离美国通用汽车公司之后的又一场自我革命，向科技公司转型。2021年3月，德尔福万源外方投资方变更为博格华纳新加坡控股私人有限公司。年内，公司开发新一代氧传感器、电子节流阀体总成、高能点火线圈3款新产品并量产。

2015年,德尔福万源外景（刘蜀燕摄）

　　从2001年跨越太平洋引进第一条来自北美的油泵生产线至今,在北京经开区的德尔福万源经历了从无到有,从一无所知到行业领先,在有关人员的不懈努力下,不断攻克各种技术难关,以超常规的发展速度,边干边学,一步一个脚印,创造了一个又一个奇迹。能够成为国内电喷系统供应的行业龙头源于德尔福万源对产品质量的规范把控。从1998年起,德尔福万源即开始严格遵照德尔福全球开发程序,联合许多整车厂进行高温、高原、高寒"三高"标定试验,在中国最严酷的地理和气候环境下,进行所有的试验和认证工作。值得骄傲的是,德尔福万源是首家在国内的独特气候条件下完成了"三高"试验的零部件供应商之一,更在中国培养了一批完全能够独立自主地完成发动机标定试验的本地发动机标定工程师。正是由于对产品质量的严格把控,让德尔福万源的产品得到了客户的高度认可,从2002年至今为止,德尔福万源获得最佳供应商或优秀供应商奖百余个；优秀质量奖、优秀服务奖、质量信得过奖、杰出质量贡献奖、配套质优厂商、最佳质量奖等数十个；最佳研发奖、最佳开发奖、同步开发奖、新产品开发贡献奖、最具潜力奖、成本贡献奖等数十个；还获得了安全达成奖、特殊贡献奖、最佳合作供应商奖等其他奖项。

多年来，德尔福万源始终是北京经开区纳税前50强企业，不断为经开区的汽车产业发展注入新的生机和活力。在这里，企业获得经开区年度纳税信用A级企业、经开区特殊贡献奖、北京市国际经贸合作奖等荣誉；自2009年起企业连续多年获得高新技术企业证书，获技术专利证书90个。另外，曾经的德尔福集团与清华大学汽车系建立了中国汽车行业技术领域课堂——德尔福清华研究所，曾为数以万计的中国汽车人提供了培训。

如今，联手汽车驱动领域全球领导企业之一博格华纳的德尔福万源增强了自身在电动和混合动力汽车市场领域的研发和生产实力。在博格华纳坚持内燃机、混合动力和电驱动三大产品群同时发力的指导思想下，德尔福万源将逐步向实现汽车新四化转型迈出脚步。相信未来在燃油动力、混合动力和电驱动三大领域，德尔福万源将和新东家博格华纳及北京经开区携手合作，齐头并进，带来更多惊喜。

（周平）

北京奔驰——驰骋在经开区的中德合资典范

> 由于汽车产业具有产业链长、配套企业多、汽车电子科技含量高等特点，2005年起，开发区重点支持该产业发展。2006年，开发区首个整车制造企业北京奔驰-戴姆勒·克莱斯勒汽车有限公司新工厂落成投产。
>
> ——《北京志·北京经济技术开发区志》P174

2004年12月6日下午,时任德国总理格哈德·施罗德的访华专机降落在北京首都国际机场。作为本次访华行程中的关键一环,施罗德一行人下午便直奔位于京城东南的北京经济技术开发区。当天15时50分,在北京经开区的黄土地上,施罗德与北京市主要领导联袂出席,宣布中德两国合资企业、世界驰名高档汽车品牌梅赛德斯-奔驰中国工厂正式奠基,北京汽车工业历史从此揭开了新的一页。

驰名品牌进驻北京亦庄

作为历史悠久、享誉世界的汽车制造商,戴姆勒股份有限公司从蒸汽时代起步,用百余年时间确立了一个庞大的汽车商业巨鳄版图,让梅赛德斯-奔驰品牌驰名全球。在中国市场的谋篇布局上,戴姆勒不满足于单纯地将德国本地工厂生产出的汽车一辆辆送上货轮、远渡重洋出口到中国大陆售卖掉了事,而是选择与中国市场建立更深层次的合作关系。从最初的本地组装工厂一步步到建成本地全产业链,在度过北京工厂建厂18周年纪念日之时,北京奔驰已经实现了奔驰汽车的本地化生产,甚至更进一步反向出口全世界,成为梅赛德斯-奔驰集团全球布局中不可或缺的重要一极。

1986年,戴姆勒集团股份公司便启动了与中国内地市场的合作计划,在香港成立了梅赛德斯-奔驰(中国)有限公司,专门负责奔驰汽车在中国地区的销售。

待到2001年中国加入世界贸易组织,戴姆勒集团股份公司等到了全面进入中国的有利窗口,拟订了进入中国内地的计划。2002年,戴姆勒公司便与中国方面展开协商谈判,希望在中国内地投资建立本地工厂。

出于过去良好的合作关系,戴姆勒公司将合作工厂的选址意向定在了北京,而求贤若渴的北京经开区向公司展示出了十足的诚意:良好的营商环境、潜在的大量优质人才、充足的用地空间。优渥的条件让戴姆勒公司最终将工厂选址定在了首都东南这片热土。戴姆勒公司与北京汽车工业控股有限责任公司商定,共同出资兴建奔驰中国工厂。为保障日后奔驰工厂的货运进出交通畅通,北京经开区随后开展了博兴三路与南六环立交工程项目建设。在完善的配套基础设施支持下,首都东南逐渐形成了以北京奔驰为龙头、华北最大的汽车工业产业基地。

2005年8月8日,北京奔驰-戴姆勒·克莱斯勒汽车有限公司在北汽控股与戴姆勒公司的两方投资下正式注册成立。2006年7月,北京奔驰工厂厂区在北京经开区全面竣工、搬迁工作全部完成、工艺车间按期投产,宣告这座拥有世界汽车制造业先进技术和最优秀品牌的汽车制造厂启动了全面运转。当年9月15日,北京奔驰新工厂的落成庆典在北京经开区隆重举行。北京市主要领导与戴姆勒·克莱斯勒集团董事长、北汽控股公司董事长兼北京奔驰董事长等人共同出席庆典,宣告奔驰的中国故事开启新篇章。

2006年9月15日,北京奔驰新工厂落成庆典举行(企业提供)

"大国工匠"领衔技术创新

作为一家中德合资企业,北京奔驰继承了德国人对一线工艺的重视。一支从业十几年、在生产一线浸淫许久的工程师团队成为北京奔驰的中坚力量,这其中就包括了后来的北汽集团首席技师、全国劳动模范、两届全国人大代表——赵郁。

1988年，高考落榜的赵郁进入了中国第一家合资汽车企业、正在面向全社会招工的北京吉普汽车有限公司。他从流水线装配工起步，一步步做到生产线机动工，又做到了整车调试工。赵郁做遍了北京吉普生产线上机修、钣金、喷漆等每一个工段，将汽车相关的制造修理技艺磨炼得炉火纯青，并在2005年加入了北京奔驰。

一直以来，严谨的工作态度、一丝不苟的工匠精神都是"德国造"的标签注脚。然而赵郁用事实证明了"工匠精神"不分国籍，中国人也能拿出与"德国造"相同，甚至更胜一筹的精工细作。

2007年，北京奔驰开始执行首批国产梅赛德斯-奔驰C级轿车的投产任务。作为奔驰公司极为重视的新车型，梅赛德斯-奔驰C级轿车要在当年于中美两地同步上市，在发售日期已经敲定的时刻，任何闪失都可能造成严重的商业事故。而在全面生产开始前的试制阶段，公司发现试装车辆总是会报出一个故障代码，无论如何都无法解决。奔驰公司立刻派出来自美国的专家团队解决问题，但团队没能在10天的派遣期内排除故障，只能将问题带回美国留待第二批团队继续解决。

此时，赵郁主动请缨："既然按照外方的观点不能解决这个问题，那能不能按照我们自己的想法去试一试呢？"凭借多年来在流水线上精工细作锻炼出的细致严谨与精准判断，赵郁否定了外方专家的推断，将问题关键锁定在线束插接孔的装配错误上。现实证明了赵郁的正确，汽车报错问题得到排除，新车如期上市，避免了一场商业事故的赵郁得到了同行的瞩目。

2007年，赵郁凭借着在北京奔驰一直以来的优秀表现荣获"首都劳动奖章"，更在2008年当选北京市第十三届人大代表、获评中国汽车工业杰出人物。2010年，赵郁得到了国家级表彰，成为全国劳动模范，进一步在2013年、2018年连续两届当选全国人大代表。

沉甸甸的荣誉背后是他在工作岗位的呕心沥血与辉煌成果：2009年，他带队成立"赵郁创新工作室"，大力推动北京奔驰内部的技术改造创新与人才培养工作。截至2018年，赵郁及其团队已经研发出30余项创新型实训教具，培训新员工6200人次3.6万课时，所教授的110名徒弟中19人晋升为高级技师、32人晋升为技师、50余人成长为各岗位技术骨干，完成攻关项目75项、申报自主技术创新项目259项，为北京奔驰内部的工艺水平提升与人才培养进步做出了卓越的贡献。

2016年，北京奔驰车间（企业提供）

在经开区工厂成立之初，北京奔驰便聚焦创新人才、创新技术、创新工作室等维度，强化创新作为引领企业发展的第一动力。企业积极参与"高新技术产业和现代制造业发展过程中高技能人才培养项目"，完成《德国高技能人才培养模式对开发区人才发展战略的启示》《德国"双元制"教育模式在北京奔驰的实践》成果报告，先后成立了以赵郁创新工作室为代表的7家职工创新工作室，申报了超2000项技术创新成果，也为北京经开区人才培养规划与科技创新战略提供了宝贵的经验参考。

不断革新建成世界工厂

随着北京奔驰的生产经营水平蒸蒸日上，戴姆勒·克莱斯勒集团在中国地区取得了骄人的生产销售成绩。通过实绩赢得了远在德国的股东信任后，北京奔驰得到的投资建设不断加码。北京奔驰二期工程、北京奔驰发动机工厂、戴姆勒第一家海外质量中心接踵成立，首都东南的田野上铺开一座座现代化的车间工厂，北京奔驰生产工厂的规模越来越大。

2014年，北京奔驰终于跨出了历史性的一步，反向"冲出国门"，发动机工厂生产的缸体、缸盖、曲轴三大发动机核心部件实现了对德国本部工厂的返销出口，标志着企业正式进入戴姆勒全球采购供应链体系；2015年，北京奔驰建设成为戴姆勒全球唯一同时拥有前驱车、后驱车和动力系统三大平台的合资企业。随后，戴姆勒又追加投资兴建发动机工厂二厂区、纯电动车项目奠基新能源动力电池工厂……一步步建成了中国北方最大、最先进的汽车工业制造基地。2018年，承担着为戴姆勒探索未来新技术的角色和任务的戴姆勒全球研发中心落户北京经开区博兴路，聚焦重要技术趋势和本土创新、大幅加快戴姆勒本土化步伐，成为戴姆勒探索中国市场巨大创新潜力和高素质科研人才战略的又一里程碑。

2022年，北京奔驰全年工业总产值首次突破2000亿元大关，并连续

2018年，北京奔驰高柔性化总装生产线（企业提供）

7年超过千亿元。目前，北京奔驰已经建成了戴姆勒旗下规模最大、产业链最完善的生产基地，产能约占梅赛德斯-奔驰全球产能的30%，是公司全球生产网络最为不可或缺的重要核心之一。

在公司发展蒸蒸日上、经济效益不断提升的同时，北京奔驰也积极参与到汽车行业的人才培养之中。北京奔驰与位于经开区的北京电子科技职业学院展开积极合作，通过双元制教育体系为北京奔驰源源不断输送优质技术人才，从2006年至今已经培养了近千名学生，其中的优秀毕业生巩森更是已经成为北京奔驰首席技师；2021年，北京奔驰紧追新能源汽车技术脚步，与北京市工业技师学院、北京汽车技师学院合作展开"中国特色企业新型学徒制"培训，培训了近万名新能源汽车技能人才，助力中国汽车行业实现整体全面进步。

同时，北京奔驰也从未忘记深度承担社会责任：企业持续以首席赞助商身份赞助中国网球公开赛，不断推动中国网球行业的进步；在慈善领域，北京奔驰坚持始终走在一线，在面对雅安地震、河南洪涝等重大灾害时，北京奔驰均积极捐出善款与物资帮助救灾。

在环保领域，北京奔驰与宝山钢铁签署绿色钢铁供应链合作备忘录，通过逐步将汽车原材料钢材替换为低碳钢推进汽车生产制造全产业链与全生命周期的低碳减排；作为北京首批申购绿电的企业之一，北京奔驰2023年已签约绿电达2亿千瓦时，助力加速完成"双碳"目标。

2022年6月13日，北京奔驰第400万辆整车成功下线，中国大陆奔驰保有量也早已超越500万辆，曾作为高端汽车品牌代名词的"大奔"已经不再是许多家庭终其一生不能高攀的奢侈品。作为中德合资合作的里程碑典范，北京奔驰在经开区纵横驰骋，不断更新着科技成果、培育着专业人才，引领着北京亦庄汽车制造业砥砺奋进，承载着无数人的情怀继续驶向远方。

（陈知晖）

拜耳医药保健——
与经开区的双向奔赴

> 1995年，德国拜耳医药公司经充分社会调研和市场评估后，确定在开发区设立拜耳医药保健有限公司，生产适用于治疗糖尿病的产品。由于拜耳集团企业标准高于德国制药行业标准，对投资药厂要求严苛，在业界影响力较高，带动了日本第一制药株式会社等一批全球著名制药集团相继在开发区投资建厂。
>
> ——《北京志·北京经济技术开发区志》P183

在北京地铁亦庄线万源街站南侧，曾经承载北京经开区无数历史记忆的管理委员会旧址"小红楼"，如今已完成转型，成为了经开区区史馆。在区史馆一层展品柜最前端的显著位置，摆放着一本在经开区建设初期管委会工作人员捐赠的个人工作笔记，其中详细记载了1994年经开区管委会的多次会议讨论与工作内容。厚厚的笔记不能逐页展示，被选为代表在橱窗中展开的那一页，则属于首家进入经开区的世界级生物制药巨头——来自德国的拜耳，当年经开区积极的招商引资态度从此中可窥一斑。

结缘　全力满足建设需求

作为驰名世界的化工巨头，拜耳集团早在1882年就与中国展开了染料贸易，并于1913年在中国建立了第一家公司，随后开始为中国市场生产阿司匹林药物。

改革开放以后，拜耳集团于1986年在中国成立联络处。随着经济改革的进一步深入，中国开始更加广泛地与外资企业展开全面合作，拜耳集团便于1993年与原化工部完成协商，正式签订了全面合作协议。随后，拜耳集团开始在北京、上海、天津、大连等城市启动合资项目选址工作。1994年，拜耳（中国）有限公司（简称拜耳中国）在北京成立，主要负责协调技术转让和市场开发，并为合资项目的准备和实施提供支持，拜耳集团在中国的产业网络正式铺开。

作为一家生产水平世界领先的制药企业，拜耳集团对工厂选址周边的土壤、水源环境条件有着极其严苛的要求。经开区与拜耳集团的谈判历时两年，其间拜耳集团更是派出考察队伍到经开区采集土壤、水源等样本送往德国进行化验，确认经开区环境符合其生产标准。1995年，拜耳医药保健有限公司（简称拜尔医药保健）终于在荣京东街落户。

针对拜耳医药保健的工厂建设，拜耳中国提出了不少需求，根据当时的工作笔记记录，经开区需解决的相关问题足足有14条。除了一般的供水供电、员工通勤等基本需求，制药企业的工厂建设还有着特殊的需求：生产线需要保持低湿恒温条件；以乙丙醇为代表的生产原料，其化学性质极不稳定，易燃易爆，需要建设具有防爆条件的储存设施；制药过程中产生的废弃物相当危险，需要建立二次过滤排放设施……

当时，经开区刚刚启动基础设施建设，道路、自来水、电力、热力等基础设施的"七通一平"尚未完成，面对拜耳中国的高标准建设需求，经开区既无现成设施，也没有建设经验，一切需求的解决都得"从零起步"。复杂的建设需求对经开区是挑战，更是机遇。如果无法满足拜耳中国提出的条件，那么今后经开区就难以应对各类生物医药企业的需求，大量引进"高新企业"只会成为纸上空谈。在经过复杂艰苦的多方协调和深入的技术论证后，经开区批准了建设方案，下定决心竭尽全力满足拜耳中国的全部需求。

1996年3月，拜耳医药保健北京工厂奠基（企业提供）

　　1996年3月25日，拜耳医药保健在经开区正式奠基，符合德国高标准工艺要求的防爆储藏区、稳定保证湿度低于20%的恒湿生产线、废弃物二次过滤排放设施等一系列高新技术设施在厂区内逐步建起。高标准的条件支撑了高标准的生产，拜耳集团将全球领先的无菌制药生产线工艺带入中国，为中国生物医药技术的进步带来了关键性的提升。同时，经开区克服了初次面对生物医药企业的困难，为日后其他企业的引进建设积累了丰富经验。拜耳的成功入驻也让经开区在世界生物医药产业界打响了名气，得到了诸多世界级制药公司的认可，法国罗纳普朗克乐安制药、日本第一制药等国际知名制药集团纷纷追随拜耳集团的脚步而来，在经开区扎根发芽，为经开区生物医药成为四大支柱产业奠定了基础。

　　1997年10月，拜耳医药保健正式竣工投产，当月即产出第一批阿卡波糖片，即"拜唐苹"。值得一提的是，拜耳医药保健不仅工厂的建设效率与建成标准令一向以严谨著称的德国人赞叹不已，产品也完全符合拜耳集团总公司的严格要求，其质量与德国本土产品高度一致。截至2022年，占地面积6.9万平方米的拜耳医药保健其工业总产值已经超过213亿元，是北京市唯一一家连续10年实现产值过百亿元的生物医药企业。

并肩　研发加码发力创新

　　投身中国市场之后，拜耳公司逐渐发现了这里的独特优势：生产研发成本远低于发达国家，教育的飞速发展也不断将越来越多的科研人才投入社会……可以说中国是得天独厚的生物医药研发区域。

　　研发能力是制药企业的核心竞争力，因其地位显要，大多数制药企业不会轻易把研发中心迁往总部以外的地区，远渡重洋在中国建立新的研发中心可以说是极其困难。

　　但正如当年经开区筚路蓝缕起步实现了拜耳医药保健的成功落

2002年，拜耳医药保健外景（企业提供）

地那样，拜耳集团也对经开区进行着正向反馈。2009年，拜耳医药保健国际研发中心在位于荣京东街7号的拜耳园区内正式落户。截至2023年7月底，该研发中心已向中国引入19款创新药物，共计超过30个新药或新适应证获批，涵盖抗血栓、心血管、糖尿病、女性健康、肿瘤、眼科、抗感染（及呼吸）等多个疾病治疗领域。借着中国近年对医药企业的政策扶持，拜耳集团在加速把公司内部管线中的创新产品引入的同时，也在通过与本土优秀的创新医药企业合作来完成研发创新，从"把全球创新引进中国"到全力支持"首创新药"（First in Class）落地中国，在中国扩大产业覆盖与研发推进的同时，拜耳集团也助力中国医药保健产业对世界前列的追赶与超越。

时常保持着"危机感"是成立于1863年的拜耳集团激励自身不断前进的秘诀。对于拜耳中国来说，"危机感"的主要来源在于如何准确发掘本地化市场需求，并参与到日新月异的中国医疗行业发展之中。"为了不断激发拜耳集团这位'百岁德国老人'的活力，让她在不断涌现优秀'年轻人'的中国老当益壮，依然拥有高水平的竞争力，我们采取了内部研发和外部合作的双管齐下策略。"在拜耳中国区负责人看来，从19世纪阿司匹林的创新问世，到今日强大的研发产品线和广泛的创新合作，都离不开本地研发中心和外部合作携手并进的"双轮驱动"。

一方面，拜耳中国从内部架构着手，设立数字化创新职能部门，成立肿瘤事业部等，聚焦未来业务发展方向，加速创新产品在中国的快速落地，推动数字化转型；另一方面，积极投身于中国医药创新生态系统，持续强化与本土医药企业、初创公司、顶尖大学与科研机构的合作，推动创新成果转化。拜耳集团自2009年开始，与清华大学成功签署5期战略合作框架协议。此外，也不断深化与北京大学等知名本土学术机构的战略伙伴关系，致力加速基础研究成果向新药研发的转化。

双赢　高质发展同频共振

成立以来，拜耳医药保健在荣京东街深深扎根，始终与经开区同发展、共进退，已建成中国最先进的药品生产基地之一。

2014年8月，拜耳医药保健北京工厂综合扩建项目奠基（企业提供）

2006年，拜耳医药保健追加投资2亿元，将其在经开区的生产基地扩大1.5倍，扩建后的拜耳坐拥亚太地区生产效率最高的生产线，生产能力足足提升3倍。2014年，拜耳医药保健北京工厂综合扩建项目在经开区开工，项目总投资约1亿欧元（折合人民币超过8亿元）。自此开始，北京工厂成为拜耳医药保健全球最大的处方药固体包装基地。2020年，拜耳集团投资逾5000万欧元启动新一轮处方药北京工厂产能提升项目，并加快创新型数字化方案的实施，以保证拜耳高品质处方药产品的稳定供应，再次强化北京工厂作为拜耳处方药全球最先进生产基地之一的重要地位。2022年，拜耳公司北京亦庄工厂新生产线再次提速，4条世界领先技术的全自动高速生产线和全自动物流系统在竣工后将使产能提升40%，助力拜耳在经开区打造世界级的制造工厂。

在新药研发领域，有个"三'十'定律"，即"十万种化合物，十亿美元，十年时间"，这意味着创新药研发投入大、风险高。此外，生物医药行业关联领域广，需要打通的监管环节和流程堵点、难点也多，这都需要政府相关部门的鼎力支持，持续提升服务能力。2022年2月，《北京市生物医药全产业链开放实施方案》正式实施，作为北京高端制造业集聚区的经开区在全国率先搭建了"概念验证平台—公共技术服务平台—打样中心—中试基地"全环节服务体系。这一体系正是"想企业之所想"，以"解企业技术创新更快地转化落地之难"。

在国家政策与拜耳集团总部的共同支持下，拜耳医药保健专门针对本土疾病谱开展业务，为中国本土特殊疾病老年黄斑变性引进经营的抗血管内皮生长因子（VEGF）类创新药物艾力雅®便是其一线治疗方案之一，更多药品被纳入中国医保目录。

近年来，拜耳中国响应国家号召，深入到中国基层医疗之中，通过"健康中国行""走进西部""走进基层""千县工程"以及员工志愿者等项目，联合社会各界力量积极推广公众科普教育。这些活动覆盖了全国31

个省级行政区，受惠人群达1.5亿人次，极大地助力提升了基层医疗服务水平。

时至今日，拜耳集团已经在中国建立了6家生产基地和2个研发中心，拥有近万名员工，在处方药、健康消费品和作物科学3个领域位居中国市场前列。拜耳医药保健主营业务收入超过238亿元，纳税总额为40亿元，为经开区提供了巨大的经济效益与显著的科技创新贡献。

2019年，拜耳医药保健北京工厂外景（企业提供）

回首来路，30年前，拜耳集团尚在潜心规划如何进入中国市场，北京经开区则是水电气热等基础设施都尚不完善的"不毛之地"；30年后，拜耳医药保健已经成为中国医药保健品市场不可或缺的重要一环，北京经开区更是一跃成为北京建设国际科技创新中心"三城一区"主平台。展望未来，拜耳医药保健与北京经开区仍将延续30年来的紧密协作，互利共赢、携手并进，保持锐意进取的精神，共同描绘更加美好的蓝图。

（陈知晖）

赛诺菲——三易其名,不改初心

> 1995 年,法国罗纳普朗克公司经充分社会调研和市场评估后,确定在开发区设立北京罗纳普朗克乐安制药有限公司,生产适用于治疗肝病的产品。
>
> ——《北京志·北京经济技术开发区志》P183

在2023年11月10日闭幕的第六届中国国际进口博览会上，法国医药健康企业赛诺菲以"追寻科学奇迹，焕发生命光彩"为主题，以"奇迹实验室"为展台概念，吸引了诸多目光。在展会上，赛诺菲首席执行官韩保罗展示了集团丰富的研发管线和前沿进展，并相约在次年也就是中法建交60周年之际再会中国。相较于世界上其他百年巨头，赛诺菲成立刚满50年，可谓是年轻新秀。只用了50年便跻身世界顶级制药巨头行列，这与赛诺菲集团在中国发展的核心战略密不可分。而赛诺菲能够带着产品来到中国，将产线扎根北京经开区，也是经历了一段复杂曲折的历程。

罗纳普朗克的最初之旅

赛诺菲在北京经济技术开发区的故事，始于一个如今很少被提及的名字——法国曾经的化工行业巨头企业罗纳普朗克公司。受益于中法之间良好的政治与经济关系，罗纳普朗克自20世纪70年代起就与中国开展合作贸易，并早在1973年便向中国转让了醋酸乙烯单体和聚酯、尼龙66两项国内急需的重要化工技术。

1982年，罗纳普朗克在北京市东城区光华长安大厦建立了第一家办事处，逐步开始探索与中国各地进行本地办厂合作的可能，并陆续建立了一些化工、农药合作生产企业。到了20世纪90年代，罗纳普朗克拟订了由公司中专门负责医药产业的下属部门——罗纳普朗克乐安与中国展开本地合作、建立制药工厂的计划。经过充分的社会调研和市场评估，罗纳普朗克乐安最终选定了初露锋芒的北京经济技术开发区作为公司在中国的生产基地。

1995年12月25日，斥资1200万美元巨款成立的北京罗纳普朗克乐安制药有限公司在经开区正式注册，其中90%股份由罗纳普朗克乐安公司的控股企业罗纳普朗克乐安国际控制有限公司持有，余下的10%股份则由国家药品监督管理局下属企业中国医药工业公司出资。由于罗纳普朗克乐安被法国政府间接国有控制，北京罗纳普朗克乐安制药有限公司的成立经过实际上成为了中国政府与法国政府的一次"联谊"。在经开区政府的大力支持下，公司从经开区立项到取得营业执照只用了一周的时间，堪称神速。

与今日的现代都市新城不同，将近30年前的经开区虽然潜力无穷，但当时的基础设施尚不完备，"七通一平"尚未实现，亦无承接建设制药企业高标准生产线的经验。面对这一困局，罗纳普朗克乐安亲自主导制订了详细的工厂建设和生产计划。公司首先以罗纳普朗克全球标准为基准开展厂房施工建设，所有设备和仪器都按照最高规格从德国、法国和意大利进口。绝不妥协的严苛标准拉长了建设工期，直到2000年，北京罗纳普朗克乐安制药有限公司在奠基5年之后终于竣工，成功完成厂房和设备的建设。

北京罗纳普朗克乐安制药有限公司在工厂实验室配备了国外进口的最先进检验仪器，从原辅料进厂一直到成品出厂的各个环节都由分析人员全程进行取样、检验，同时质量保证人员也需要确保工厂内各部门的活动严格遵循药品生产质量管理规范和集团全球质量标准要求。工厂同时建成了拥有SAP管理系统和24小时温度控制系统，配有储存、转运、装卸等先进设备的先进库房与发货中心。这座现代化、高质量的制药工厂，是当时中国医疗制药行业最大的合资企业之一。

而在生产计划上，公司采取了由易到难、循序渐进的策略。北京罗纳普朗克乐安在初期没有直接参与到药品生产之中，而是执行分包装任务：公司从法国等地直接进口已经按照罗纳普朗克全球标准完成生产的药品成品，然后在北京工厂包装成盒后投放市场开展销售业务。2001年，公司顺利取得了国家药品监督管理局颁发的药品生产许可证，并通过国家药品监督管理局GMP认证；2003年，公司首个产品——保肝、护肝类产品的易善复®（多烯磷脂酰胆碱）胶囊分包上市。

2004年,赛诺菲(北京)制药来得时(甘精胰岛素)生产线(企业提供)

经开区见证了罗纳普朗克乐安漫长的建设投产之路,罗纳普朗克乐安也见证了经开区的逐步发展。在建设之初,经开区如同当年最初的名字"工业小区"那样,只能为企业满足最基本的水、电、气、热需求,难以提供配套的生活设施。当时公司想要搞商务宴请、谈合作项目,唯一能选择的饭店只有一家与公司有着一段距离的"鸿毛饺子馆"。

而就在经开区与企业克服困难、并肩前进,北京罗纳普朗克乐安制药有限公司度过建设初期最难熬的岁月之时,位于法国的母公司罗纳普朗克乐安正在经历一场里程碑式的巨变。

德法联手,成就安万特

1999年10月,罗纳普朗克公司放出了震惊欧洲的消息:企业宣布与德国化工企业巨头赫斯特公司合并重组。欧洲大陆两大头号工业强国的化工巨头就此合为一体,新公司更名为安万特控股有限公司。2000年2月

24日，负责总揽公司在中国地区业务的安万特中国公司在人民大会堂宣告成立。经过一年多复杂的股权变更和更名事宜，北京罗纳普朗克乐安制药有限公司终于在2000年12月完成改组，更名北京安万特制药有限公司（简称北京安万特），原属于罗纳普朗克乐安国际控制有限公司的90%股份则归属安万特控股有限公司，历史从此掀开了崭新的一页。2004年，北京安万特获得集团HSE（健康、安全、环境）计划四星认证，宣告公司的生产规范达到了世界一流水平。

2006年，北京安万特本地化生产的易善复®上市。同年，用于治疗2型糖尿病的亚莫利®（格列美脲片）本地生产上市，和用于治疗高血压及心力衰竭的瑞泰®（雷米普利片）投入市场。同年，公司通过澳大利亚药品生产质量管理规范认证，易善复®胶囊被列入《非酒精性脂肪性肝病和酒精性肝病诊疗指南》推荐用药。2007年，易善复®胶囊的销售额超过2亿元，雄踞国内口服保肝药市场销量第一。

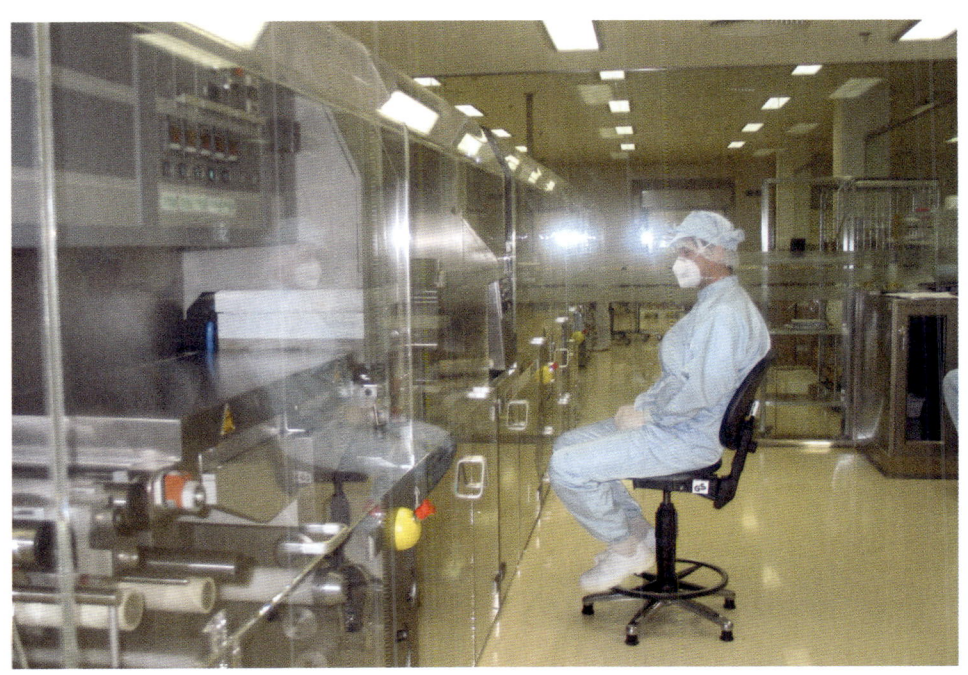

2007年，赛诺菲全自动罩包线（企业提供）

而就在北京安万特实现产品本地化生产、逐渐展现出自身的巨大价值之时，远在法国斯特拉斯堡总部的安万特公司却经历着一场全面变革。

新的故事要从50年前说起。1973年，法国石油公司埃尔孚阿基坦（即后日名扬天下的能源巨头道达尔）在第二次全球石油危机的威胁下开始探索新的经营领域。在这次尝试中，公司通过对一系列小型制药和化妆品企业的收购进入制药行业，成立了子公司赛诺菲集团。1999年，赛诺菲集团收购了市值排名法国第三的制药企业圣德拉堡，成立了赛诺菲圣德拉堡集团，用短短20多年时间成为了世界医药企业格局中不可忽视的一极新兴势力。

在另一边，与正在冉冉升起的北京安万特形成鲜明反差的是，远隔千里的安万特公司本身营收却处于持续萎靡之中，股价一路下跌。2004年，在安万特的股价跌至谷底之时，赛诺菲圣德拉堡集团向其提出了收购意向。在这桩牵扯法国政府亲自下场调解、历时三个月的并购案中，赛诺菲圣德拉堡集团笑到了最后。法国化工制药行业遂归于一统，名列世界第三的制药巨头赛诺菲安万特公司正式成立。

2006年9月，作为公司投资方之一的中国医药工业公司将持有的10%股份转让给赛诺菲安万特（中国）投资有限公司；12月，法国安万特控股有限公司也将持有的90%股份转出。北京安万特更名赛诺菲安万特（北京）制药有限公司（简称赛诺菲北京），正式成为赛诺菲集团全资子公司。

加码本地生产布局，共享健康未来

罗纳普朗克与安万特时代的循序渐进为赛诺菲北京建成了世界一流的生产线，也积累了充足的生产经验，使得公司得到了赛诺菲集团的青睐，成为赛诺菲全球布局中一枚重要的棋子。2009年4月21日，赛诺菲集团追加9000万美元投资北京工厂扩建，建成固体制剂生产线，新建来得时®

（甘精胰岛素）预填充SoloSTAR®组装生产线。

2010年，赛诺菲（北京）公司外景（企业提供）

2012年8月，公司再次更名为赛诺菲（北京）制药有限公司。同年5月，来得时®组、包装生产线正式投产并获评北京G20突出贡献大品种，公司同时宣布将继续投资2.5亿元建设来得时®灌装线生产线。2018年，当年唯一在中国获批可联合基础胰岛素使用的GLP-1受体激动剂利时敏®（利司那肽注射液）获分包装批件。2019年12月，为赛诺菲（北京）新药注册提供分析方法研究和技术支持而投资1139万元建设的赛诺菲（北京）制药有限公司生物分析及中国药典专家中心完工，助推生物新药在中国的上市速度。2020年2月5日，国家药监局批准来得时®（甘精胰岛素注射液）生产技术由德国SanofiAventis Deutschland GmbH【赛诺菲-安万特（德国）股份有限公司】转让至赛诺菲（北京），并在4月26日开始本地化生产；2019年，投资3亿元的Toujeo®灌装及组装生产线项目签约入区。赛诺菲的产品逐渐走出国门，进入澳大利亚、日本及其他亚太地区。当年，赛诺菲（北京）出口额便达到5.6亿元。主营业务收入达到69亿元，成为

中国制药行业中不可或缺的重要力量。

追寻科学奇迹，焕发生命光彩

150年前，法国医学巨擘路易斯·巴斯德开创了微生物生理学，将在当时被视为不可能挽救的狂犬病、鸡霍乱、炭疽等"绝症"一一点名击破。巴斯德不断推进科学研究消灭疾病的精神随同他的研究并入日后的罗纳普朗克，并传承至如今的赛诺菲。2010年，聚焦罕见疾病的先驱巨头健赞也并入赛诺菲，专注于无药可治及难治性疾病，通过研发革命性创新疗法，为患者及其家庭带来生命的希望。2021年5月22日，赛诺菲召开首届赛诺菲健赞罕见病高峰论坛，联合政府大力推动高危筛查，携手共建罕见病综合防治体系，致力于推动行业发展，帮助无数患者及其家庭迈向有希望的未来。

在过去的50年里，赛诺菲兼容并蓄，发展至今，已经成长为一个多元化的全球领先医药健康企业，积累了丰富的科研成果，包括为多种罕见疾病提供首个治疗方案以及为糖尿病和心血管疾病建立护理标准。几十年来，赛诺菲专注于公共卫生事业，每年帮助保护数以亿计的人远离流感，推动根除脊髓灰质炎，并且不断追求科学攻坚，为治疗炎症疾病带来了突破性创新。2022年，赛诺菲推出全新的品牌形象，赛诺菲巴斯德和赛诺菲健赞，以及其他赛诺菲收购的品牌都使用同一个品牌名称——Sanofi（赛诺菲），并带来全新的企业使命：追寻科学奇迹，焕发生命光彩。在可以预见的将来，赛诺菲亦将继续秉持着这一使命披荆斩棘，不断向前，助力中国医药事业的更好明天。

以位于经开区兴盛街7号的赛诺菲为中心，向北一步之遥便是中国与古巴合作建立的制药企业百泰药业；再多走半公里，便是几乎与赛诺菲同时入区、共同支撑起早期经开区生物医药产业的德国企业拜耳。从罗纳普朗克乐安到安万特、从赛诺菲安万特到赛诺菲。三易其名，初心未改，赛诺菲将对GMP认证的重视带到了中国，将HSE集团标准带到了中国，将拯救无数患者的药品带到了中国，将用科技改变患者命运的理念带到了中国。入区之初的"鸿毛饺子馆"已经易址，但赛诺菲带给经开区的产业技术、企业精神永铭史册。

（陈知晖）

赛升药业——独辟蹊径的民营药企

2000年7月18日,开发区总公司与北京赛生药业有限公司签订国有土地使用权租赁合同,这是开发区办理的首个国有土地使用权租赁合同。

1999年起,内资医药企业陆续入区,北京赛生药业有限公司在开发区注册成立,从事针剂药品制药,主导产品涉及心脑血管类疾病、免疫性疾病(抗肿瘤)和神经系统疾病三大用药领域。

——《北京志·北京经济技术开发区志》P67、P183

"赛升不是靠资本起家的,而是靠技术积累、知识积淀起家的。"在北京赛升药业股份有限公司(简称赛升药业)创始人马骉眼中,公司作为北京经开区首家入区民营医药企业,凭借技术起家,依靠自主创新逐步发展成为如今的北京制造业企业100强、北京高精尖企业100强企业,是因为选择了自己熟悉的、具有技术优势的领域。

赛升药业落户亦庄,上市融资再建新厂

北京赛升药业股份有限公司原名北京赛生药业有限公司,位于经开区兴盛街8号,是经开区生物医药企业中早期入区的一家新型制药企业,由马骉在部队转业后自筹资金创立。转业之前的马骉曾就职于空军航空医学研究所,任空军航空医学研究所附属医药厂(北京京航制药厂)副厂长,转业后的马骉连同其他两名技术研究人员依靠自身掌握的技术开始了创业之路。创业初期,赛升药业位于丰台区宋家庄苇子坑,厂房和宿舍都在一排小平房里。租用的厂房陈旧,使用的设备老化,周边配套设施差、交通不便。由于条件受限、招聘人员困难,生产忙碌时,无论是总经理还是会计、采购都要去包装车间支援。由于企业发展受限,赛升药业管理层开始着手考察北京周边地区,考虑将公司迁址到规范的场地继续经营。

1999年,北京经开区成为首都地区唯一享有国家级经济技术开发区、高新技术产业园区双重优惠政策的经济区域,相继发布了一系列吸引内资高新技术企业入区的优惠政策。经过充分的论证和研判,赛升药业管理层决定将厂址迁至处于如火如荼发展建设中的北京经开区,并在这里建成高标准、规范化的生物医药基地。

2002年,赛升药业在经开区的第一个医药生产基地落成,车间生产线首次通过国家药品监督管理局GMP认证。赛升药业进入市场开拓期,不断完善产品结构,扩大产品生产规模。2004年,适用于抗衰老、抗肿瘤、抗病毒、保肝解毒免疫调节类产品赛升®(薄芝糖肽注射液)和纤溶

酶实现规模化生产。2007年起,赛升药业逐渐进入了产业扩张阶段,企业的产品供应量、市场知名度、市场占有率逐年稳步提高,形成了免疫调节、心脑血管、神经系统三大类产品体系,整体销售超过亿元,逐步成长为中型企业规模。

2011年7月,北京赛生药业有限公司以整体变更的方式发起设立股份有限公司,更名为北京赛升药业股份有限公司。年内,企业募集资金,决定在经开区建设新的厂房和生产线,为未来扩大产能和新产品产业化生产提供新的平台。2011年12月,经开区管委会经过全面评估、积极协调,在区内用地非常紧张的情况下,同意赛升药业在河西区进行生产基地扩建和研发平台升级。2015年,赛升药业迎来了发展中的重要一年,6月企业在深圳证券交易所创业板挂牌上市,10月新医药生产基地举行奠基仪式。新医药生产基地位于北京经开区凉水河二街乙2号院,占地面积42000平方米,建筑面积89800平方米,采用严格设计理念、科学规划布局和精细施工管理,项目建设有生产、办公、质量、仓储、后勤保障等单体工程

2019年12月,赛升药业新生产基地外景(企业提供)

10项。2020年初，新生产基地投入使用，新增生产线8条，配备全自动联动生产设备、全流程智能监控系统、自动仓储系统等，成为符合赛升药业需求发展的数字化智慧型工厂。

提到赛升药业在经开区的发展经历，公司董事长兼总经理马骉不无感慨："赛升药业这些年发展得益于北京市经信委、北京市科委等政府部门在关键时刻和关键产品上的大力支持与帮助。"他更庆幸企业选择在经开区注册成立，管委会充分发挥政府对产业的推动、扶持、服务作用，对于企业的成长发展产生了深远影响。

自主研发生产工艺，品牌形象逐步建立

与知名药企的丰富研发经验、成熟制作工艺和稳定客户群体相比，成立之初从事生物生化药品研制的赛升药业是一家新型制药企业，其产品和品牌形象不为大多数人所熟知。赛升药业把研发目标选定在分子生物学领域，利用分子生物学技术提取天然药物有效成分，并围绕用生物技术嫁接、改造传统生物化学产业主线持续发展，立志做成"特色中小企业"。市场开拓初期，企业在营销团队不足的情况下，专注技术研究和产品研发，依靠研发技术创新与产品的卓越疗效赢得了医药消费市场的一席之地。

2000年，在分子生物学领域专家、赛升药业董事长兼总经理马骉的带领下，企业核心研发团队全力发展并成功攻克企业第一项核心技术——单克隆抗体亲和层析技术，应用这项技术，可从天然药物中一对一提取有效成分，提高产品纯度的同时，极大降低生产成本。利用该技术，企业自主研发的纤溶酶注射液及注射用纤溶酶于2003年正式投产并上市，取得了良好的临床效果和优质的产品口碑。

2003年，赛升药业成立技术中心，并组建了一支由药学、分子生物

学、生物化工、基础医学和生物学专业人员组成的研发队伍。技术中心成立后，聚焦于新生物资源的开发与利用，研发团队先后利用单克隆抗体、单抗亲和层析等现代生物技术从白眉蝮蛇、小牛胸腺、灵芝属薄树芝干燥菌丝体粉末等动植物体内分离纯化具有生物活性的天然药物，成功开发出蛇毒纤溶酶、大规格胸腺肽、薄芝糖肽等产品。

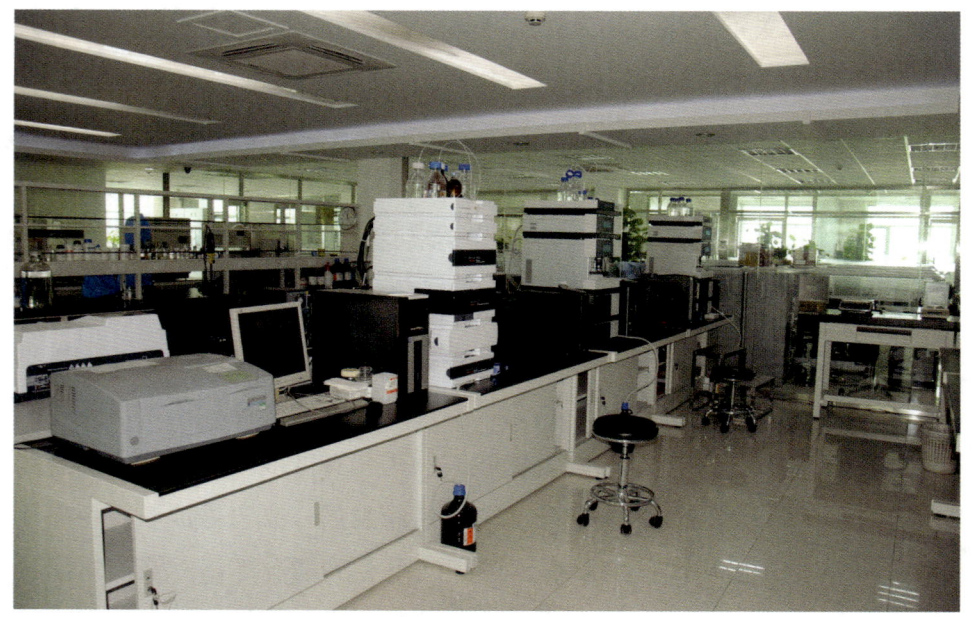

2012年5月，赛升药业公司实验室（企业提供）

多年来，借助经开区促进人才发展的政策措施，企业可更快、更直接地与高校科研团队对接，同时由于经开区相关部门的指导，合作过程顺畅，合作成果斐然。企业与北京大学、中国农业大学和吉林大学签订产学研合作协议，外聘资深专家指导项目研发，加快科研成果转化，为企业带来了经济效益。2004年，企业与中国农业大学合作，进行免疫亲和层析规模纯化纤溶酶、药学性质及其药物制剂的开发研究，并成功规模化生产纤溶酶，批量规模达到20万支以上。2011年，企业获批建立经开区博士后科研工作站分站。2019—2023年，企业与四川大学华西医院联合开展注射用纤溶酶上市后有效性和安全性临床试验，为探索纤溶酶治疗急性缺血性脑卒中提供更有力的循证医学证据支持。

一直以来，赛升药业不断地用产品技术创新为患者提供更多高性价比的生化药品和生物大分子产品，在新产品的研发、技术改造、工艺优化、质量提高等方面不断地创新研究，为推动医药大健康产业的发展贡献自己的力量。如今，企业品牌形象逐步建立，已拥有包括"赛升®"薄芝糖肽注射液、"赛盛®"脱氧核苷酸钠注射液、"赛威®"注射用胸腺肽、"赛百®"纤溶酶注射剂、"赛典®"单唾液酸四己糖神经节苷脂钠注射液（GM-1）在内的五大主导产品，涉及心脑血管类疾病、免疫性疾病（抗肿瘤）和神经系统疾病三大用药领域。五大产品均为自主开发，并获得国家发明专利，具有较强的市场竞争力，占有较高的市场份额，避免了依赖单一产品带来的风险。

一路走来，赛升药业始终以研发为核心，努力打造核心竞争力，基于研发合作平台，深耕细作，默默耕耘在生物医药研发之路上，逐步成长为一家覆盖高端制剂、生物药、现代中药、原料药、医疗器械、生物育种等领域的国家级高新技术生物医药企业，所研产品在市场上逐步得到医护工作者的认知和认可，帮助到更多患者。

发挥药企核心职能，精准驰援体现担当

"坚持、创新、责任、感恩"是赛升药业始终秉承的核心价值观，20多年来，赛升药业积极响应国家发展政策，求真务实，开拓创新，在取得了良好社会效益的同时，不忘回报社会，积极倡导和践行企业社会责任，不断投入到赈济救灾、医疗救助等各项社会公益事业中。

2003年防治"非典"期间，企业捐赠北京各大医院价值240万元免疫调节类药物"注射用胸腺肽"及"薄芝糖肽注射液"，并获"防治非典型

肺炎工作先进集体"称号,为保护首都医护工作者和人民生命健康起到至关重要作用。

2020年新冠肺炎疫情形势严峻时,赛升药业紧急复工,召回300余名员工紧急返岗投身生产一线,并向疫情最为严重、医疗物资极为紧张的湖北省各医院捐赠价值200万余元的免疫调节类药物"注射用胸腺肽"及"薄芝糖肽注射液",保证受捐医院一定时间内的医患用药需求。同时,企业联合全国上市公司企业家代表向奋战在抗"疫"前线的医务人员、高风险作业人员、医疗机构捐献价值约266万元的免疫防治类药品;携手圣邦微电子(北京)股份有限公司为疫情严重地区的80余家医疗机构和医患人员捐赠价值250万元的免疫药品;协助天津金融生态圈捐赠800件免疫调节类药物,切实履行企业社会责任。此外,企业研发中心联合天津泰创生物科技有限公司、吉林鼎参堂生物技术有限公司紧急研发并推出胸腺蛋白肽固体饮料,解决了原有药品给药方式带来的限制,使用更加便捷高效,为抓好防疫抗疫和复工复产再添一份保障。

在面对急难险重任务时能"扛"起责任,这得益于赛升药业平时加大研发投入的力度。2017年以来,赛升药业在研发方面投入超1.4亿元,是经开区企业创新发展的一个"样本"。同时,企业是薄芝糖肽注射液、脱氧核苷酸钠注射液、纤溶酶、注射用纤溶酶和纤溶酶注射液5个品种的国家药品标准原研起草单位,其中纤溶酶、纤溶酶注射液、注射用纤溶酶和大规格注射用胸腺肽被认定为"北京市自主创新产品"。

如今,赛升药业植根于医药产业,以创新、研发为根本,致力于生命科学技术产业化发展,通过自主创新,上下游产业链整合等方式加速布局覆盖生命科学大健康产业相关领域,初步形成基于研发创新平台、医药产业链创新平台(高端制剂及口服制剂系列生产基地、原料药生产基地和现代中药生产基地)、协作技术创新平台、资本产业平台和种业创新平台五大战略平台的集团化发展布局。

2023年，又是在梧桐花开的季节里，赛升药业人才培养系列计划之"梧桐树计划"再次迎来了结业和启动仪式，一群新生代赛升药业青年人才齐聚一堂，为企业发展播下希望的种子。已经成立24年的赛升药业将厚植经开区这片沃土，实现可持续高质量发展。

（周平）

百泰生物——中古医疗合作的见证

> 2000年，国内最早开展抗体产业化的企业百泰生物药业有限公司在开发区建立抗体产业化基地，从事恶性肿瘤基因重组人源化单克隆抗体的研发和生产。
>
> ——《北京志·北京经济技术开发区志》P191

北京经济技术开发区作为首都重要的对外开放窗口，吸引了百余家外商投资企业入驻。来自德国的奔驰、美国的通用电气、法国的施耐德、日本的松下……他们都是世界五百强企业或大型跨国企业，其中绝大多数都来自发达国家。却有一家企业的合资方显得与众不同——百泰生物药业有限公司，它的合资者是一个远在加勒比海的岛国——古巴。

地理小国，医疗大国

作为偏居遥远的加勒比海、面积仅仅比江苏省略大一些的岛国，有着"古巴国父"之称的菲德尔·卡斯特罗对社会事业建设极为重视，把教育与医疗事业放在国家发展的首要位置，将绝大部分的国际援助投入到教育与医疗科技的发展上。

早在20世纪70年代，古巴就从有限的资金中挤出10亿多美元建立了7个生物研究所。因此古巴尽管在后来陷入困难，但是教育医疗产业经数十年的投入沉淀早已开花结果，名列世界前茅。《2016年世界卫生统计》显示，古巴以年人均卫生支出558美元的低投入实现了发达国家的医疗卫生指标。

古巴依靠世界顶尖的医疗水平为国家换回宝贵的资源进口与外汇，世界各国广泛地将其称之为"医疗外交"。

国家层面的技术合作

作为关系紧密的贸易伙伴，中国与古巴已经合作了多年。古巴人民的"医疗外交"，自然少不了我们。作为古巴第一大贸易伙伴，我国并不需要古巴医疗团队亲自下场"问病诊疾"以换取国家必需的物资，因为两国把合作重心放在了更高层面上：尖端前沿医疗技术的发展革新。

作为技术支持方，古巴方面在医疗技术合作中可谓是"倾囊相授"：

由菲德尔·卡斯特罗亲自主持建立的古巴分子免疫学中心拥有224名科技工作人员，其中有70多名知名科学家、博士和生物工程师，科研能力位居全球前列。从20世纪80年代初开始，中心就已经运用细胞工程、基因工程、组织培养等技术致力于癌症诊断和治疗用单克隆抗体的研究和开发，其产品长期处于世界领先水平。而中古两国将合作项目选定为这一领域的"进阶版"——治疗肿瘤的人源化单克隆抗体。

何谓人源化单克隆抗体？众所周知，人体受到病毒或细菌入侵就会生病，免疫机制会形成抗体与病毒或细菌作战。抗体消灭了病毒，人体就会恢复健康。因而人们提出了一个设想：能否在自然环境提前制备大量抗体，在人类患病时作为药物杀灭病毒细菌？1984年，三名科学家因共同发现单克隆抗体产生的原理获得了当年的诺贝尔生理学或医学奖，证明了单克隆抗体的医学潜力。抗体最开始在实验室小鼠体内制备，人体使用时不可避免地会产生一定副作用。随后，科学家开始研究如何将鼠源单克隆抗体主要蛋白成分改造成与人体相似的成分，以降低副作用、提高疗效，这就是人源化单克隆抗体，百泰生物在中古两国支持下承担的重点科学项目。

2004年，两国领导人签署《中古生物技术合作框架协议》，一致认为百泰生物的成就代表了两国高技术领域合作的最新进展。但任何事物的发展都不是轻而易举一帆风顺的，百泰生物的筹建工作即是如此。

踏过坎坷，迈向光明

2000年8月，百泰生物正式成立，公司将地址选定在了能够提供稳定双回路供电与供热、满足医药企业需求的北京经开区。管委会同时为百泰生物提供了许多优惠政策，缓解了企业建设初期资金不足的情况。

2005年，占地面积22300平方米的百泰生物研发生产基地在经开区荣京东街2号竣工投用，成为了中国人源化单克隆抗体产业的根基。

但是科技研发无法一蹴而就,彼时的国内科学团队没有接触过这么高精尖的技术研究,因而在决策中产生了一些误判,其中一点便是在资金经费问题上,一些专家以国产干扰素的研发经费为基准,判断资金只需要三四千万足矣。但在投入之后却发现杯水车薪,实际开销要以亿为单位来计量,这使得百泰生物在初期研制过程中资金捉襟见肘,不仅要想尽办法打报告申请经费,有时为了省钱购买尖端技术设备,连工作人员待遇都难以按时保障。数据统计显示,截至2004年,百泰生物的全部员工均具有本科以上学历或中级以上技术职称,其中具有博士学位或高级职称的占17.6%,具有硕士学位的占58.9%,人人都是那个年代不可多得的精英。而这样一支综合素质水平极高、只要跳槽就能轻易拿到数倍优渥待遇的团队却在吃了上顿没下顿、买了设备发不出工资的艰苦环境下奋斗8年,成功在2008年4月推出了国内第一个人源化单克隆抗体、生物Ⅰ类新药——尼妥珠单抗(商品名为泰欣生®),回报了自己的艰辛工作与两

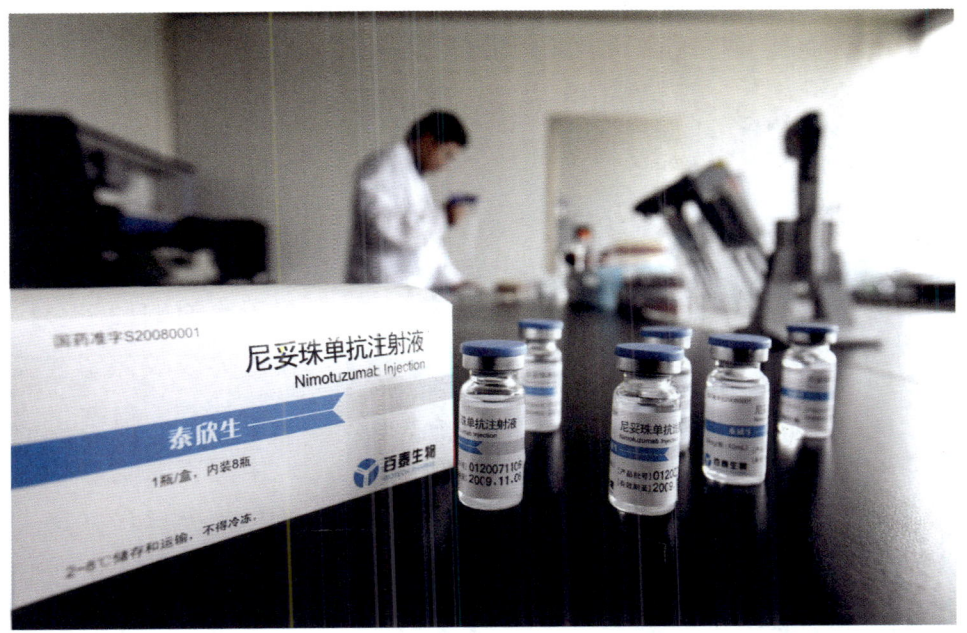

2008年,百泰生物研制的中国第一个人源化抗体药物泰欣生®上市(企业提供)

国的殷切期盼。当年，对抑制癌细胞有着出色疗效的泰欣生®就拿到了数千万元的销售收入，2010年时更增加到1.5亿元。

经过8年的蛰伏，百泰生物最终回报了经开区的信任与扶持，一跃成为经开区生物医药高新产业的代表性企业，并连续进入多年度的经开区纳税50强名单，为经开区带来了可观的科技贡献与经济收益。

2017年，泰欣生®成为首批纳入《国家基本医疗保险、工伤保险和生育保险药品目录》的药品，并且由于安全性好，疗效显著，先后于2019年、2021年医保续约成功。时至今日，泰欣生®仍是国内用于治疗鼻咽癌的主要大分子靶向药物，其质量标准作为中国第一个抗体药物国家标准收录于《中国药典》。2023年6月，尼妥珠单抗获批用于治疗胰腺癌，为胰腺癌患者提供新的用药选择。

在百泰生物建立之前，国内已经有一些研究单位在抗体领域展开了研究，但受限于当时的经济和科技能力仅仅停留在实验室层面。百泰生物是中国首家明确以商业药用为目标开展人源化单克隆抗体研制的单位，老前辈们的经验与试错基础与古

2019年，百泰生物哺乳细胞大规模培养4000L发酵罐（裴宏伟摄）

巴方面的资金技术投入让百泰生物突破了研究瓶颈，最终完成了人源化单克隆抗体的工业化制备与市场销售，成为了中国生物医药科学发展进步道路上不可磨灭的里程碑。

中古友谊的见证

作为中古两国医疗技术合作的结晶，古巴对百泰生物极为重视。早在2005年，劳尔·卡斯特罗访华时就已指名访问百泰生物，称赞公司为中古医疗合作与友谊的代表。现任古巴国家主席迪亚斯·卡内尔于2013年、2015年先后两次访问百泰生物，与企业进行亲切友好的交流，增进了中古双方友谊。在合作的20年间，除了百泰生物每年选送数名专业人员前往古巴分子免疫学中心进行培训外，古巴同样会派遣专家前往百泰生物参与辅导，长期保持每年有10余位古巴专家在岗的人员构成。2006年，百泰生物公司董事长因促进中古经济合作所做出的贡献受到表彰，荣获古巴政府"友谊勋章"，并于2021年受古巴方邀请参加纪念卡斯特罗活动暨菲德尔与生物技术研讨会，荣获中国—古巴建交60周年纪念章及中古建交60周年荣誉证书。在中古生物技术合作联合工作组第十一次会议上，企业与古巴分子免疫学中心进行2021—2023年合作项目的"云"签约，为中古生物技术的进一步合作发展奠定了坚实基础。

古巴专家在百泰生物的付出同样得到了中国方面的丰厚回报。截至2023年，已经有累计近百位古巴专家为百泰生物的建设发展做出了卓越贡献，其中部分专家获得了国务院每年为有特殊贡献外国专家颁发的中国政府友谊奖。其中古巴分子免疫学中心主任拉赫博士获得了我国授予外国专家的最高奖项——国际科技合作奖，这是我国历史上第一次将该奖项授予发展中国家专家。2012年，百泰生物时任副董事长Rolando博士更是作为有突出贡献的外国专家在人民大会堂受到了国家领导人接见。2019年，百泰生物公司古巴籍专家还受邀参加了庆祝中华人民共和国成立70

周年阅兵盛典，亮相"人类命运共同体"方阵。

经过20多年的艰苦奋斗，百泰生物已经获评国际科技合作基地、北京市知识产权示范单位、北京G20工程企业等。并先后承担完成国家科技重大专项"重大新药创制项目"、"863"计划、国家发展改革委"高技术产业化示范工程"，以及国家重点研发计划战略性重点专项项目，不仅实现了自身研发实力的提升，还与古巴协同创新，依托于"中国—古巴'一带一路'"联合

2021年3月22日，百泰生物与古巴分子免疫学中心共建中国—古巴"一带一路"联合实验室（企业提供）

实验室、中古分子免疫学中心、国家国际科技合作基地等平台联合研发，实现合作共赢。实验室与生产线中不断产出的新成果和无数的奖章荣誉，共同见证着百泰生物的迅猛发展，也见证着中古两国紧密合作、携手进步的战略友谊，见证着中国人源化单克隆抗体研制的崇高事业在北京亦庄这片改革开放的沃土上不断突破、昂首前行。

（陈知晖）

悦康药业——
做百分好药，建药业航母

> 2001年8月14日，北京悦康药业有限公司在开发区宏达中路6号注册成立，注册资本600万元。2003年，更名为悦康药业集团有限公司（简称悦康集团）。2004年，悦康集团的康明可欣®（注射用头孢呋辛钠）、复能®（紫杉醇注射液）、泰西®（注射用胸腺五肽）等自有品牌产品上市销售。
>
> ——《北京志·北京经济技术开发区志》P188

　　30多年前,北京经开区首任管委会主任王广荃花甲之年接受北京市政府指派,牵头筹建北京经开区,与拓荒者们一起创业创新,为北京经开区的蓬勃发展奠定了坚实基础。10年后,又有一名年近花甲之年的企业家于伟仕到经开区二次创业。他以敏锐的商业嗅觉和前瞻性的战略布局,经过20多年的时间,打造了一家集新药研发、药品生产、流通销售及国际贸易于一体的医药集团企业——悦康药业集团股份有限公司(简称悦康药业),定下了"创行业名牌,建药业航母,打造百年老店"的奋斗目标。

"头孢大王"二次创业,落户北京亦庄

　　20世纪90年代末,北京经开区经过近10年的发展,已有北京"药谷"之称,汇聚了拜耳医药、赛诺菲等一批跨国制药企业。而此时的于伟仕,也已是业界的"头孢大王"。他于1988年从安徽南下广东珠海创业,在珠海成立第一家医药商业公司——珠海经济特区粤康医药有限公司,通过他在安徽太和县供销社和医药公司工作期间建立的医药销售网络,向全国各地销售新药和一些进口药。他第一个把国外头孢产品引入中国并代理全国市场,后又进口头孢原料,委托生产分装,实行包产包销,逐渐在全国构建了健全的医药营销体系。于伟仕也因此被业界称为"头孢大王"。1998年,他收购北京北卫医药有限公司,进军北京市场。在此过程中,于伟仕发现一种药品经过几年的苦心经营打开市场后,厂家却可随意收回代理权,自己成了为他人做大蛋糕的人。

　　眼看中国仿制药领域正在快速发展,于伟仕决心建立自己的药厂,生产中国普通百姓用得起的好药。在经开区管委会领导的引荐下,他卸下"头孢大王"的荣耀,从珠海来到北京经开区二次创业。2001年,北京悦康药业有限公司在经开区宏达中路6号注册成立,于伟仕投入大量资金创建了悦康药业的首家制药厂,从药品经销转战医药生产。悦康制药厂自

开工建设至通过国家GMP认证仅用时一年，两年内已拥有了自己的产品。此后，悦康药业在北京经开区先后建成4个厂区。二期厂区为悦康出口药品生产基地，主要做对外贸易。值得一提的是在二期厂区还建有一个鱼精蛋白生产车间，目前全国只有悦康药业与上海第一生化药业有限公司两家企业生产。鱼精蛋白是心脏手术临床必需药品，2011年曾因定价过低，生产企业纷纷停产引发全国范围的临床断货。见此情景，悦康药业立即恢复硫酸鱼精蛋白注射液的生产，承担着亏本的压力供应至今，占市场所需鱼精蛋白供应量的85%。

2011年，悦康药业三期药厂投产，新增了两个冻干粉针车间和一个水针车间，同时兰索拉唑、阿德福韦酯等多个新药获准上市。同年，悦康固体制剂生产线顺利通过欧盟认证现场考核，固体片剂、胶囊剂生产线首次通过欧盟GMP认证，这不仅标志着悦康药品生产工艺技术达到国际

2010年，悦康药业生产线（企业提供）

一流水平,同时公司产品获准进入欧美主流市场。当年公司70多个品规的药品出口到俄罗斯、中东、东南亚、拉美、非洲等40多个国家和地区,药品出口额达1000万美元。

为加快国际化步伐,悦康药业四期工程——化药国际化产业园项目于2011年开工建设,2013年投产,占地面积6.67万平方米,包括研发及水针、冻干粉针等重要生产线。厂区按欧盟和美国FDA标准建成国际首仿药品生产基地及相关药物研发和技术中心。2020年12月24日,悦康药业在上海证券交易所科创板上市,开启跨越式发展的新征程。悦康药业也快速塑造了适应创新需求的理念,快速打造创新药产品管线,快速理解资本市场有别于医药行业对公司价值的认知。不变的是,新药研发始终坚持以临床价值为导向,以服务百姓需求为根本原则。

2014年,悦康药业外景(企业提供)

以创新带动发展，顺势而为转换赛道

从生产工艺改进、既有产品革新、适应证拓展到开启原创新药研发，创新已成为悦康人的一种思维惯性。悦康药业在北京经开区成立后的前20年创新研发积累，主要在仿制药领域，还有一些中药产品。2004年，悦康药业首款自有品牌药品盐酸林可霉素上市，当年实现产值6000万元。此后，悦康药业上市银杏叶提取物注射液、注射用兰索拉唑、奥美拉唑肠溶胶囊等自有产品，截至2023年共有产品140多种，200多个品规，涵盖心脑血管、消化系统、抗感染、内分泌、抗肿瘤等多个治疗领域。

在悦康药业众多产品中，银杏叶提取物注射液、活心丸（浓缩丸）、奥美拉唑肠溶胶囊、盐酸二甲双胍缓释片、注射用头孢呋辛钠等产品销量位居全国前列。预防心脑血管疾病的悦康通®银杏叶提取物注射液是公司最大的一个单品，也是国内唯一一款获得化药批文的银杏叶提取物注射液。2012年，独家产品银杏叶提取物注射液上市销售；2022年，单品销量达到1.5亿支。银杏叶提取物注射液的原料从国外进口，悦康药业为这款产品打造了全自动化的智能生产线，在此过程中经开区给予了政策上的奖励支持。2014年是中法建交50周年，悦康药业作为中法生物医药领域合作代表，随国家领导人参加了中法商务交流和庆祝中法建交50周年等系列活动，与意迪那公司代表签署中法植物提取物合作开发项目框架协议，明确双方在植物提取物产业化及下游药品、保健品、化妆品等产品开发方面进行全方位合作。这是当时两国签署的合作项目中唯一一个药物领域的重大项目。

除此之外，鉴于公司创始人早期代理进口价格昂贵的头孢制剂，悦康药业通过自主研发并经过大量的国内临床验证，实现了将进口头孢制剂国产化，让中国普通百姓用上了质量与进口药品同等，但价格便宜几十倍甚至上百倍的国产好药。而头孢类粉针制剂和微丸缓控释制剂，通过技术引进、消化吸收和自主创新，两个领域的技术水平已处于国内领先地位。

　　通过技术创新、研发创新，悦康药业打造出全新的创新研发布局。已形成核酸药物靶点发现平台、多肽药物开发平台、细胞与基因治疗药物开发平台等十大核心研发平台，涵盖核酸药物、多肽药物、细胞与基因治疗药物、中药创新药以及高端化药等领域，并相继组建了头孢药物晶型研究国家地方联合工程实验室、心脑血管北京市工程研究中心等，建立了悦康药业院士专家工作站、博士后科研工作站、博导工作站等完善的研发体系。累计承担国家重大新药创制、省级战略性新兴产业专项等省部级项目40余项，在此期间，经开区在企业创新研发过程中给予大力支持奖励，承担国家、北京市重大项目仍给予相应的匹配支持，助力企业创新发展。

　　2020年，悦康药业布局生物医药前沿领域，切换核酸药物赛道，引进原军事医学科学院的博士后、教授等高层次研发人员主导核酸药物的开发。2021年，悦康药业联合解放军总医院，启动我国首个完全自主研发的反义核酸（ASO）药物注射用CT102的临床试验，新建核酸药物研发技术平台，并在合肥成立生物医药创新中心；推出治疗勃起功能障碍的1.1类原研新药爱力士®枸橼酸爱地那非片，打破欧美企业长期在该领域的垄断格局。2022年，与中国医学科学院病原生物学研究所合作开发多肽药物YKYY017，已获中国、美国、澳大利亚临床试验批准。2023年，完成国内首家自主知识产权LNP阳离子脂质辅料（YK-009）的备案登记，成为国内外少数可规模化生产自主知识产权阳离子脂质辅料的药企，并在LNP递送技术领域形成了系统的专利布局。而在中药创新药领域，悦康药业重点创新项目注射用羟基红花黄色素A新药上市申请已获CDE受理，国家1.1类中药创新药复方银杏叶片和紫花温肺止嗽颗粒也已完成全部临床研究工作，正处于上市申请阶段。

　　20多年来，悦康药业已经打造了仿制药和创新药的从立项至上市后的药品全流程研发管控体系。截至2023年6月30日，累计获得专利233项，研发项目合计54项，其中在研创新药16项，在研仿制药及一致性评价项目38项。悦康人通过不断提升自主创新能力，默默"做老百姓用得起的好药"，为实现民族医药走向全球努力奋斗。

只做"一百分"好药，悦康品牌走向全球

"药品质量只有一百分，九十九分等于零"，这是悦康药业自2004年拥有自产产品以来始终坚持的原则，这种质量优先的原则体现在生产经营的各个环节中。在生产环节严把原料采购、生产、检验等各个关口，确保每一粒药安全可靠。同时，注重生产设备的质量，在采购时就会优选行业排名第一的厂家，后期一旦发现有更新的设备，即便能用，公司也会进行升级换代。如今悦康核酸药物平台的小试、中试车间设备也均是采用行业内最先进的供应商设备。

悦康药业始终将质量视为企业的生命线，2009年，在全球跨国公司CEO圆桌会议食品药品安全责任论坛上，悦康药业被评为"最具安全责任感药品企业"。2011年，悦康药业将"PDCAS循环"动态质量管理逐步应用于质量管理体系中，所有生产线一次性通过药品生产质量管理规范（2010年修订）；同年，固体生产线通过欧盟cGMP认证，2015年通过再认证，并于2020年3月续期，药品生产管理体系与国际接轨；2015年，悦康药业广州药厂通过日本JGMP认证。2017年，为保证药品在研发、生产、运输、使用等全生命周期各个环节的质量安全，在"PDCAS循环"动态质量管理的基础上，悦康药业提出"药品全过程动态质量管理模式"，基于技术升级，建立起悦康药品质量管理体系，并持续实施药品专业运输计划，典型经验被工信部和中国质量协会认定为全国"质量标杆"。同时，为避免药品在临床应用上的不规范、不合理用药行为，悦康药业组织编写《头孢类抗生素注射剂安全用药手册》，推广安全、规范、合理用药。2020年以来，医药行业法律法规技术指导原则等频繁更新，悦康药业参照欧盟、FDA、NMPA等出台法律法规，始终将打造符合欧美cGMP标准的高

质量体系作为自身核心竞争力，不断完善质量管理体系，加强全过程质量控制，通过风险管理确保产品质量，保障了产品质量和患者利益。

2016年，悦康药业在经开区的医药科工贸产业基地（企业提供）

经过20多年发展，悦康药业以"做好产品、做大产能、完善产业链"为核心，在北京组建了集团药物研究院，并以安徽、河南医药原料基地为基础，在北京、广州、合肥建立了不同的制剂生产基地。在经开区常年属于纳税50强企业，2021年起工业产值超过40亿元，成为北京经开区生物医药企业中工业产值排名前5的优秀民营企业。公司已成为中国医药工业百强企业、医药工业研发十强、国家技术创新示范企业。悦康药业在行业内的影响力成就了品牌的树立，悦康品牌也逐渐走出北京经开区，走向全球。

悦康药业自成立之日起就开始谋划国际化发展之路，致力于实现民族医药的国际化，确立了"营造全球喜悦，关爱人类健康"的企业宗旨。2007年，公司获得第一批出口药品注册证，注射用头孢曲松钠、注射用头孢哌酮钠出口俄罗斯。此后悦康药业在经开区建设的三期、四期生产基地工程，工艺设计和硬件设施均按照美国FDA和欧盟的标准建设。同时，悦康药业也不断推进技术革新，实施智能制造和绿色化生产，建立药品从研发、生产到临床使用的全程质量监控链条，引进一流制药企业的质量管理模式，实现药品生产体系与国际接轨。2011年，悦康药业奥美拉唑肠溶胶囊出口欧洲市场。2013年，悦康药业在美国纽约设立研发机构，目的在于"广泛吸收全球顶尖的科技专家，探索建立悦康的全球化药物研发体系"。此外，悦康药业与意大利医药行业也建立了长期稳固的合作关系，作为发起单位，参与成立"中意企业家委员会"，并与日本建立高端制剂和汉方药合作。2019年，悦康药业入选中国医药企业国际化百强，被评为国际市场优质供应商与合作伙伴和"卓越贡献企业"。目前，悦康药业已有多个品规产品，在欧洲、亚洲、非洲、拉美等几十余个国家和地区注册销售。

在经开区提供的管家式服务下，经过20年的发展，悦康药业已完成从传统高端化学制药公司向具有一定行业影响力的大型生物创新药公司的转型升级，率先在国内制药行业实施数字化、智能化技术改造，建立了绿色制造生产体系，成为国家智能制造试点示范企业、全国绿色制造体系建设示范企业绿色工厂，并牵头制定化学药制药国家绿色工厂评价导则标准。未来，悦康药业将以"创行业名牌，建药业航母，打造百年老店"的目标，高效推进公司创新可持续发展，与各大医药企业共同助力重塑北京经开区医药健康产业生态，共建全球"新药智造"产业高地。

（李秀芬）

神州细胞、义翘神州——
从经开区走出的生物医药"双子星"

2002年,神州细胞工程有限公司在开发区成立,从事动物细胞表达生物技术产品的研究开发,利用国际先进动物细胞和腺病毒培养技术平台,建立大规模动物细胞高效培养技术平台及蛋白药物和病毒产品GMP生产基地。

2007年,北京义翘神州生物技术有限公司在开发区注册成立,从事生物技术领域的高端技术服务及高端的蛋白和抗体科研试剂的研究和开发,拥有全球领先的蛋白和抗体快速表达技术体系,可以提供从基因序列到纯化蛋白或抗体,以及从靶点生产到单克隆亲和抗体制备再到ELISA试剂盒制备的全流程服务。

——《北京志·北京经济技术开发区志》P191、P291

"北京经开区是北京市最适合做产业化的地方。"这是20年前留学归国创业的谢良志常说的一句话。20年间，谢良志先后在北京经开区创立了两家上市公司：北京神州细胞生物技术集团股份公司（简称神州细胞）、北京义翘神州科技股份有限公司（简称义翘神州）。回首往昔，神州细胞与义翘神州从寂寂无名到如今成为国内生物医药行业翘楚，也曾被资金扼住喉咙，在这个获利周期漫长的生物医药行业默默前行，共同书写了一段充满挑战与希望的篇章。

结缘北京亦庄　敢为人先寻出路

随着中国加入世界贸易组织，北京经开区紧抓机遇，进一步明确了区域的发展目标、功能定位、产业定位，结合新形势提出在注重引进资金的同时向引进管理、引进技术和引进人才转变。在此期间，众多留学海外的各行各业高端人才也陆续回国工作创业，神州细胞的创始人谢良志是其中之一。

自1991年起，谢良志一直从事采用动物细胞培养技术生产蛋白质和病毒载体等生物药品的研究开发工作，曾先后在国际一流刊物和会议上发表论文30多篇及两项国际专利申请。作为国际知名的动物细胞培养、单克隆抗体以及病毒疫苗领域的工艺技术专家，回国之前任美国默克公司高级工程师、研究员。当他了解到国内的生物制药发展现状后，尚未经过详细考察和反复考量，就毅然决定回国发展，许多朋友都为之错愕。但对谢良志来说，回国是必然的，就在此时恰好有了一个回国的契机。

当时在国家的支持下，基础研究上游的开发能力、水平大幅提升，但是针对最前沿的生物药研发产业化方面还缺一些工程技术，而这些都是谢良志的专长。回到国内，谢良志发现国内基本没有适合他从事生物药研发和产业化的企业，只好另起炉灶自己创办一个企业。对于企业的选址，目标城市是上海和北京，上海是2000年左右从事生物医药企业创业、设立跨国公司研发中心的首选城市，而谢良志首选北京，是感性选择，更是理性判断。

北京地区高校、人才最集中，从事生物医药相关研究的医院和科研单位也比其他地区多。此外，生物医药是受国家高度监管的行业，相关监管部门都在北京，这是一个独特的优势。选择落户北京亦庄，是出于企业运营成本考虑，还有谢良志对北京未来从北向南发展的预判，几乎没有犹豫就决定在京南这片土壤之上深耕理想。成立后的神州细胞，从北京经开区的一个产业孵化园开始起步，此后十几年间，在经开区的培育扶持下默默发展。

对于企业的发展方向，成立之初的神州细胞也曾陷入两难，是走多数制药企业的保守道路，还是艰难创新研发新药。生物制药业的特殊性使得药品的研发周期极长，风险极大，研发期间还会不断亏损。这种特殊性导致多数制药企业会倾向保守，选择短、平、快的赢利方式，即对国内外已

2010年，神州细胞建成动物细胞培养技术平台及生物药中试生产基地（企业提供）

上市的药品进行仿制。谢良志却坚定地选择走上创新药研发之路，他坚信制药产业的发展趋势将会从化学药转到生物药，而未来中国对生物药的需求也会很高，如果所有国内药企都选择降低风险，贪图短时间内的高回报，那未来一定会在生物药领域受制于人。

最前沿的生物药创新，比化学药的创新难度更大，周期更长。在此期间，神州细胞也遇到了资金不足的难题。当时想要真正做研发，需要进口设备和高端的科研工具。科研工具高昂的价格和货品预订的长时间等待，都对企业是不小的压力。为此，谢良志决定创立义翘神州，开始做科研工具的研发，解决企业自身在研发新药过程中所需的工具问题。

通过研发科研试剂工具和进行生物技术服务，虽然"走了更长的路"，但在这个过程中，企业有了更多的经验和更扎实的基础。稳步前进，虽然缓慢，但能走更远的路。谢良志和团队经过10多年的生物制药技术积累和创新，已建立覆盖生物药研发和生产全链条的高效率、高通量技术平台。这一路上，神州细胞承担了多项国家科技重大专项、北京市重大科技攻关项目，如国家"863"计划"十五"重大专项技术平台项目"动物细胞高效流加培养技术平台和产业化研究开发"；国家"863"计划"十一五"重大新药创制项目中的"新药研究开发关键技术研究：生物技术药物研究关键技术""创新药物研究开发：新药临床前研究"；北京市重大科研项目"动物细胞培养技术平台和治疗性抗体产业化研究"，等等，为推动生物医药行业发展做出了巨大贡献。

深耕生物医药行业　筑牢发展基础

生物医药研究必不可少的实验材料就是蛋白，蛋白相当于生物医药研究的根基，然而蛋白高昂的价格令人生畏。并且仅仅是购买就需要两个月时间，国内价格还要比国外贵一倍以上。这个问题无疑是扼住了生物医药研究的喉咙。

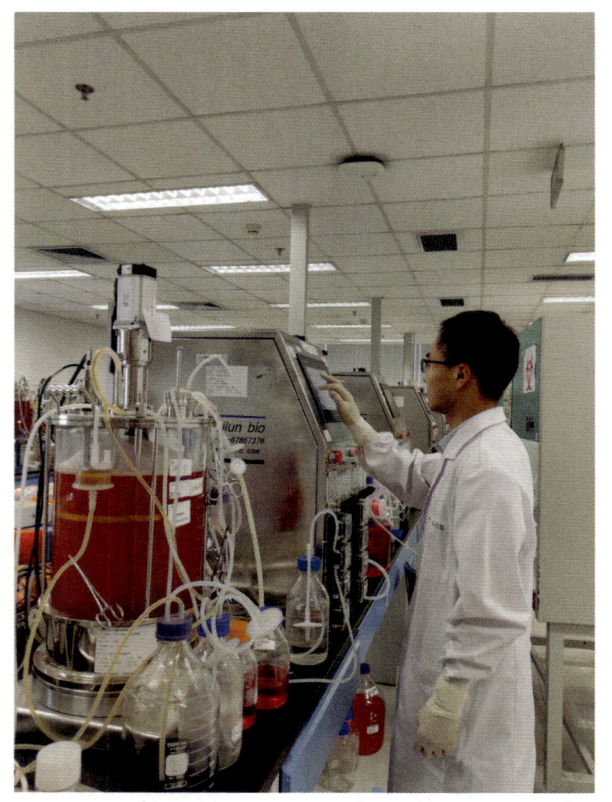

2010年，义翘神州进行哺乳动物细胞高密度培养（企业提供）

为解决这个问题，谢良志毅然带领义翘神州团队开始进行蛋白工具的研发，主要从事生物技术领域的高端技术服务及高端的蛋白和抗体科研试剂的研究和开发。2008年4月，义翘神州成功自主研发出了第一批重组蛋白产品；2009年4月，新建3个重组蛋白生产平台和抗体生产平台。鼠单克隆抗体和兔单克隆抗体等技术平台的技术水平得到跨国制药企业的认可。

重组蛋白的研发成功，让义翘神州将目标逐渐从国内市场扩大到海外市场。与此同时，新的问题又随之而来：售卖蛋白抗体试剂对通关时间和运输过程会有严格的要求，时间过长会对蛋白抗体试剂的质量产生影响，进而损害公司的信誉。而在当时我国都是进口生物制品，几乎就没有人出口过，因此审批流程极长。尽管义翘神州的蛋白品质良好，对比国外其他企业也有价格优势，但等待时间过长让义翘神州错失了很多市场。

正当义翘神州为此一筹莫展时，经开区主动服务上门，协调解决了通关时间过长的问题，让企业可以享受到原产地检验检疫政策，原来三四天才能办完的出关手续，在经开区的支持下只需要两个小时就全部完成，大大缩短了运输所用的时间成本，义翘神州在国际市场的竞争力大幅提升。

业务发展三年后，义翘神州搭建出了国际先进水平的动物细胞大规模培养工艺技术平台、全球领先的重组蛋白库和抗体库，建立了从基因到蛋白生产的快速产业化通道。利用该平台技术，义翘神州开发出上千种重组蛋白试剂，这些蛋白试剂进入了几十个国家和地区，90%以上销往发达国家市场。

2012年8月30日，义翘神州与国际知名生物技术企业缔结合作伙伴关系（企业提供）

自身发展的同时，义翘神州也秉承着以人为本的信条，勇于承担社会责任。2009年，甲流席卷全球，义翘神州最先生产出H1N1流感病毒的抗体，以及能够检查H1N1血凝素（HA）蛋白的ELISA试剂盒。公司生产的科研工具试剂可以作为肿瘤、干细胞、免疫学、神经生物学、信号转导等领域的科研工具。2013年，义翘神州成功研制出H7N9疫苗关键蛋白——血凝素蛋白和神经氨酸酶蛋白，成为全球首家能够规模化生产两种蛋白的企业。2020年新冠疫情突如其来，义翘神州仅用11天，在全球重组蛋白主流厂商中率先研制出新冠病毒的关键蛋白，为基础研究、抗原抗体诊断试剂、中和抗体药物和疫苗研发提供关键试剂，支持了全球3000多家科

研单位和企业的研发，助力全球科技抗疫。目前，义翘神州建成了全球规模领先的重组蛋白库，所生产和销售的产品种类已超过6.9万种，服务于多个领域。

打破固有模式　构造发展战略布局

随着企业的发展，两个有着不同成长逻辑的事务注定无法实现协同发展。2016年，神州细胞与义翘神州业务分立，神州细胞主要从事创新型生物制药的产业化与临床商业化的开发，义翘神州从事重组蛋白和抗体等生物试剂及临床前CRO服务。

时至今日，神州细胞和义翘神州两家兄弟公司，已经成长为经开区乃至全国生物医药领域的中流砥柱。在取得卓越成就的同时，仍然坚持高标准严要求，不断创新和进步。2020年，神州细胞在上海证券交易所科创板挂牌上市。2022年，通过高新技术企业、北京市"专精特新"中小企业认定；新增发明专利申请157个，新获得发明专利4个。历经15年的研发，神州细胞于2021年7月上市首款国产重组凝血八因子药物安佳因®，改变了国内血友病治疗药物重组因子只能依靠进口的局面；2022年8月，公司第二款生物药瑞帕妥单抗注射液（安平希®）上市，这是神州细胞首个抗体药物暨首个抗肿瘤产品，是公司在生物制药研发方面又一里程碑式的突破。2023年6月，公司两个生物类似药阿达木单抗产品安佳润®及贝伐珠单抗产品安贝珠®也先后获批上市。除此之外，过去三年新冠疫情肆虐之际，神州细胞还利用自身技术优势，开发了针对新冠变异株的多价广谱重组蛋白疫苗，为疫情防控做出了自己的贡献。2022年12月、2023年3月，神州细胞自主研发的2价新冠重组蛋白疫苗安诺能®2及4价迭代产品安诺能®4先后获准紧急授权使用，含XBB变异株且能有效预防当前最新流行变异株的新一代4价新冠疫苗的临床研究仍在持续开展中。

义翘神州于2021年在深圳证券交易所创业板上市。2022年，企业共

2020 年，神州细胞生产车间（企业提供）

计开发上线产品约 1000 种，并进一步扩充了研发生产能力；义翘神州还在苏州、泰州成立公司，在苏州建成高标准的研发和检测实验室，在泰州展开培养基等试剂的规模化生产，逐渐连接北京总部与南方中心，构造出两点相互呼应、取长补短、共同发展的战略布局，为南方地区、全国乃至全球的生物医药企业提供更高质量的产品和技术服务。随着企业的发展，与经开区的联系也更加紧密。2022 年 12 月，义翘神州与经开区管委会签订《入区协议》，计划建设生物医药创新公共服务平台及成果转化基地，打造一站式生物试剂和技术服务平台，建设生物医药创新服务型综合园区。该项目的建成将为义翘神州未来的稳定可持续发展奠定良好的基础。

除此之外，义翘神州以全球战略眼光扩展海外市场，在美国、欧洲、日本等地建立了子公司，并在全球拥有几十家授权经销商。2022 年 11 月，义翘神州美国子公司宣布与美国海恩斯公司正式签署租约，并启动位于美国得克萨斯州休斯敦 Levit Green 的生物工程中心（C4B）的建设。C4B 是义翘神州在美国建立的第一个生物工程中心，专注于为客户提供高质量的

生物试剂产品以及CRO技术服务。该项目为世界著名的得克萨斯医学中心和全美的生物公司、科研机构提供全面、快捷、高质量的产品和服务，使公司的全球化布局迈出了重要一步。

时人不识凌云木，直待凌云始道高。神州细胞和义翘神州一同经历无数挫折，取得多项技术突破，共同见证了中国生物制药行业的变化与北京经开区生物医药产业的发展。凭借坚持自主研发、自主生产和精益求精的质量管控，成为了生物技术领域的双子星，在北京亦庄这片高质量发展高地上熠熠生辉，让国产生物试剂从神州大地走向了全球，未来也会向国内外患者提供更多高质量的生物药，为人类健康事业做出更大的贡献。

（李秀芬）

智飞绿竹——国产疫苗"小巨人"在经开区的 20 年

> 2006 年，北京绿竹生物制药有限公司研制的盟纳康®（A 群 C 群脑膜炎球菌多糖结合疫苗）获新药证书，这是国内外首个用于 3 月龄儿童预防流脑的疫苗。
>
> 2008 年，北京绿竹生物制药有限公司自主研发的产品盟威克®（A、C、Y、W135 群脑膜炎球菌多糖疫苗）、盟纳康®（A 群 C 群脑膜炎球菌多糖结合疫苗）上市销售，市场占有率全国第二。
>
> ——《北京志·北京经济技术开发区志》P192

在疫苗行业流传着花费十年时间、十亿美金、百分之十成功率的"三十定律",可见疫苗行业在技术、资金、人才等方面都有很高的壁垒。在北京经开区有一家集新型疫苗研发、生产及销售于一体的民营高新技术企业——北京智飞绿竹生物制药有限公司(简称智飞绿竹),在进驻经开区20年间逐一攻克了重重难关壁垒,成为"北京市专精特新小巨人企业""北京市知识产权示范单位""北京市企业技术中心""北京市细菌性疫苗工程技术研究中心""北京市级企业科技研究开发机构""北京高精尖100强企业"。智飞绿竹成功上市销售流脑和肺炎两大系列5款疫苗品种,批签发量常年处于国内同类产品前三名,另有1款疫苗获得药品注册证书,2款疫苗新品种准备申报上市许可,8款疫苗新品种正在进行临床试验,多款疫苗新品种处于临床前研发阶段,可称为国产疫苗"小巨人"企业。

落户经开区　自主创新稳扎稳打

智飞绿竹是经开区较早入区的民营生物医药企业,是重庆智飞生物制品股份有限公司(简称智飞生物)的全资子公司。2002年,在广西卫生防疫站工作多年的蒋仁生下海创业,在重庆注册成立智飞生物。确立了"技术&市场"双轮驱动的企业发展模式,通过技术与市场的双向培育和发展,形成研发、市场相互促进、互相转化的良好循环机制,加速疫苗产品从研发到实现市场价值转换的进程,逐步形成独具特色的核心竞争力。重庆的智飞生物聚焦于市场,在哪里建设自己的研产基地就是蒋仁生当时重点筹划的问题。

因北京作为首都具有的各方面的资源优势有利于企业的研发,北京成为建立新公司的首选。然而,作为疫苗生产企业,对周边环境以及水、电、气、热等整体供应都有一定的要求。此时的北京经开区经过10年的发展,基础设施已实现"七通一平",正在推进各类市政基础设施建设,区内酒店、写字楼、住宅小区、学校、医疗机构等在陆续建成。经开区具有前瞻性的企业生产相关资源的配套供应，可保障企业顺利生产。同时，经开区产业发展思路已明确提出要重点支持生物技术和新医药产业基地建设，百泰生物、神州细胞、舒泰神、本元正阳等一批生物技术与新医药企业及研发中心聚集到经开区，在此背景下，智飞绿竹落户北京经开区也顺理成章。2003年，智飞绿竹注册成立，并在经开区核心区的同济北路22号建设智飞生物首个疫苗研发生产基地，占地面积约1.6万平方米，成立之后的智飞绿竹进入了漫长的研发阶段。

2007年，智飞绿竹同济北路厂区生产车间投入使用（企业提供）

生物制药领域研发新产品以及突破新技术都充满了未知的风险，从药物发现、临床前研究、临床试验、申报注册到产品上市等疫苗研产的过程漫长，困难颇多。历经多年的潜心研发，智飞绿竹第一个自主研发产品A群C群脑膜炎球菌多糖结合疫苗（盟纳康®）于2008年3月上市销售，该疫苗是全球第一个经政府批准用于3月龄儿童预防A群C群流脑的疫苗。同年5月，智飞绿竹第二个自主研发产品A、C、Y、W135群脑膜炎球菌多糖疫苗（盟威克®）上市销售，2009年市场份额为53.11%，市场占有

率排名第一。该疫苗可用于2周岁以上儿童及成人预防A、C、Y、W135群脑膜炎球菌引起的流行性脑脊髓膜炎，是国内首个获准开展临床研究、第一个获批签发合格证上市销售的4价流脑产品。两款产品均获得北京市自主创新产品、北京市科技创新产品奖、北京市优质产品等荣誉认定。

早期重要产品的上市，标志着企业自主研发和产业化能力有了质的飞跃，完成了蒋仁生所规划的"技术＆市场"双轮驱动中技术创新上的一环，推动着企业快速发展。2010年，智飞绿竹成为北京经开区纳税增长50强企业；母公司智飞生物在深交所挂牌上市，成为中国第一家在创业板上市的民营疫苗企业，智飞绿竹也随之进入一个新的发展阶段。

发展快车道　研产并进高速成长

智飞绿竹在经开区创业、发展期间，始终注重自主研发，把攻克原研性疫苗作为重点方向，面向市场需求，谋划长远发展，立足抢占高价值疫苗研发"无人区"。除流脑类疫苗外，智飞绿竹布局了肺炎类疫苗、痢疾疫苗、百白破疫苗、病毒性疫苗等新的研究方向，增加产品管线。其中，15价肺炎球菌结合疫苗涵盖了亚洲地区检出率最高的15种血清型，也符合国内的优势血清型分布，可预防疾病范围更广，属于国内首创；福氏宋内氏痢疾双价结合疫苗是国际首创疫苗产品，上市后将对全球腹泻病的控制起到重大作用。

母公司上市后，为智飞绿竹的发展注入了更多的发展资金，加之前期的研发基础，更多的自主研发产品走向市场。2012年，"b型流感嗜血杆菌结合疫苗"（喜菲贝®）上市销售。2015年，独家专利产品"AC群脑膜炎球菌（结合）b型流感嗜血杆菌（结合）联合疫苗"（喜贝康®）上市销售，填补了国内外同类产品空白。2017年，该疫苗获得北京市科学技术奖二等奖。2019年，"A、C、Y、W135群脑膜炎球菌多糖疫苗"（盟威克®）预灌封注射器联合包装产品上市销售，新的包装形式简化了操作，减少了差错事件,提高了接种效率。

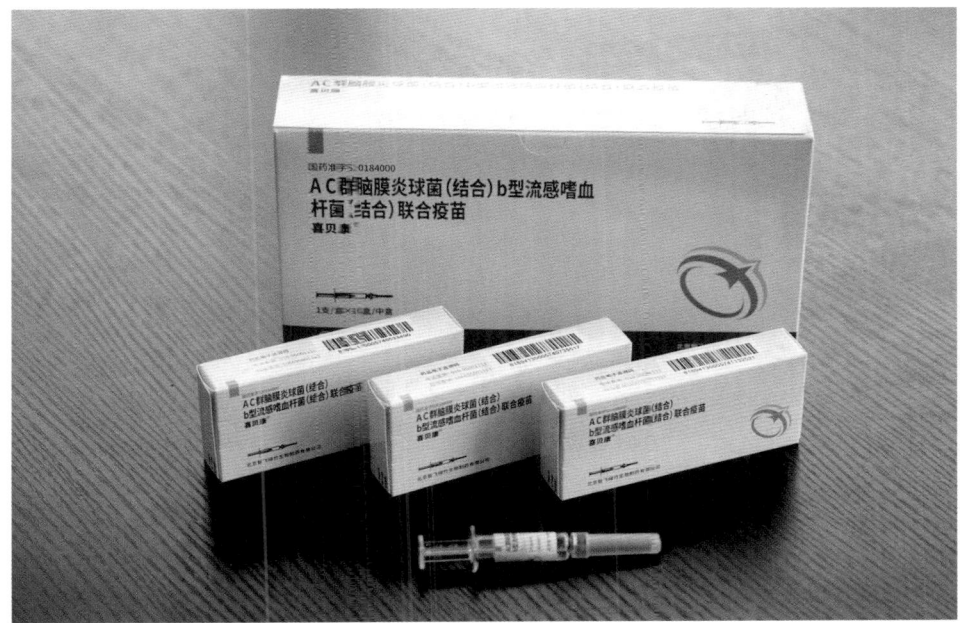

2018年,智飞绿竹生物AC群脑膜炎球菌(结合)b型流感嗜血杆菌(结合)联合疫苗获得预灌封剂型注册批件并上市销售(企业提供)

产业化基地能够为企业发展提供动力,也是疫苗新品种转产落地的场所。随着更多的产品上市,智飞绿竹决定在经开区扩建厂房,推动产品研发和产能提升。2011年,疫苗产业化基地及研发中心、疫苗新品种产业化生产基地奠基。2015年,司济北路厂区"疫苗产业化基地及研发中心"投入使用,将生产能力扩大到每年4800万剂。泰河三街厂区"疫苗新品种产业化生产基地"为肺炎类疫苗、痢疾疫苗、百白破疫苗等新品种的转产落地提供充足的场地设施。2020年,智飞绿竹又在经开区申请新的地块,建设融兴街厂区"新型病毒疫苗和工程疫苗产业化基地",项目已于2021年9月开工建设。

处于高速发展阶段的智飞绿竹,自2008年首次实现工业总产值以来,产值增长了近6倍。近3年研发及固定资产投资超26亿元,包含处于各阶

2015年，智飞绿竹同济北路厂区"疫苗产业化基地及研发中心"投入使用（企业提供）

段疫苗新品种的研发费用以及土建、设备等固定资产投资。经开区为企业发展提供了全方位服务与支持，给予企业固定资产投资、产值增长、研发投入增长等相关奖励支持。长期以来经开区对生物医药企业的重点扶持，经开区管委会每个职能部门为企业的全心服务，也为区内企业的良性发展提供了助力。智飞绿竹依托北京经开区生物医药和大健康产业生态圈，实现了生产、研发齐头并进。

廿载磨一剑　开启腾飞新篇章

经过20年的发展，智飞绿竹现在已经成长为一个集研发、生产和销售于一体的生物高科技企业，是国内细菌性疫苗的领军企业。落地经开区后累计实现销售收入超过100亿元，产值超过120亿元，纳税近10亿元。先后承担了科技部"863"计划、科技部重大新药创制科技重大专项、北京市科委"创新药物研究发展"项目、北京经开区科技创新专项等科技攻关项目40项，相关的资金支持极大地减轻了企业的资金压力，使企业能够专注于研发和生产工作。

2023年6月，智飞绿竹创新孵化中心建成并投入使用。创新孵化中心是智飞绿竹生物高速推进创新产品研发、加强基础类研究、巩固创新研发能力的新举措。旨在瞄准创新前沿，激发创新活力，集聚更多优势创新项目，打造创新生态链。至此，智飞绿竹形成了包括多糖和结合疫苗研发中心、病毒性疫苗研发中心、细菌性疫苗研发中心、重组蛋白疫苗研发中心和重组载体疫苗研发中心在内的"五大研发中心＋创新孵化中心"的研发体系。具备卓越的研发技术创新能力，丰富的研发管线在国内外疫苗行业中处于前列。

2023年8月，智飞绿竹自主研发的23价肺炎球菌多糖疫苗获得药品注册证书，获得批签发合格证之后即可上市销售，形成流脑系列和肺炎系列双龙头产品格局。11月，融兴街厂区土建工程全部建设完成，获得竣工验收批复。经过20年的发展，智飞绿竹已在经开区建立了三大国际化、现代化的产业化基地，生产规模获得了极大的扩充。同济北路厂区占地面积约1.6万平方米，用于生产流脑系列产品；泰河三街厂区占地面积约4万平方米，用于生产肺炎系列疫苗、痢疾疫苗和百白破疫苗，其中23价肺炎球菌多糖疫苗已投产；融兴街厂区占地面积约6.6万平方米，用于生产基因工程疫苗和病毒疫苗，预计2025年建成。产业化基地的生产车间按照世界卫生组织认证标准等国际化标准进行建设，主要生产设备均采购自国内外先进厂家。

本着"生命至上、质量第一、合规合法、追求卓越"的质量方针，智飞绿竹根据GMP要求并参考人用药物注册技术要求国际协调会（ICH）、世界卫生组织（WHO）等的国际性指导原则，建立了基于风险管理的质量管理体系。企业定期开展GMP自检活动，并且委托国际、国内第三方咨询机构开展专项检查。通过多种方式，不断提升质量管理水准。

企业要长远发展，产品必须走出国门，走向全球。为此，智飞绿竹制

定了国际化发展战略。依托强大的研发团队和健全的质量管理体系，智飞绿竹一系列原研性疫苗产品逐步推向国际市场，销往塔吉克斯坦、印度尼西亚、科特迪瓦、巴基斯坦和乌兹别克斯坦等国。截至2023年底，智飞绿竹出口A、C、Y、W135群脑膜炎球菌多糖疫苗超600万剂。

  国家发展改革委2022年印发了《"十四五"生物经济发展规划》（简称《规划》），进一步为生物医药产业的发展指明了方向。《规划》不仅带来了万亿级规模市场机遇，还将在北京试点建设生物经济先导区。根据国家生物经济发展规划，经开区出台了《北京经济技术开发区关于促进医药健康产业高质量发展的若干措施》《北京经济技术开发区加快建设全球"新药智造"产业高地行动计划（2023—2025年）》等相应政策，打造全球"新药智造"产业高地，经开区发展生物医药和大健康产业从政策服务到产业生态，形成三大优势，为经开区生物医药和大健康产业插上腾飞的翅膀。智飞绿竹将乘着这波政策的东风加速航行，向着成为"世界一流民族生物制药企业"的目标勇毅前行。

（侯素娟　董晶蕾）

SMC（中国）——经开区首家外商独资企业发展始末

> 1994年9月2日，日本SMC株式会社以北京理工大学为平台，在中国投资设立全资子公司SMC（中国）有限公司，在开发区兴盛街甲2号注册成立，投资总额230亿日元，注册资本210亿日元。
>
> ——《北京志·北京经济技术开发区志》P144—P145

20世纪90年代末,《北京日报》曾在头版头条发表过一篇题为"百分之百的外资企业,百分之百的中国人管理,北京经济技术开发区里的SMC(中国)使我国的气动元件生产——一步跨入世界一流"的文章,详细介绍了SMC(中国)有限公司的时况。这篇文章,让不少人认识了这家生产气动元件的北京经开区首家外商独资企业——SMC(中国)有限公司。

1998年,《北京日报》刊登关于SMC(中国)有限公司文章(企业提供)

反复酝酿终落户亦庄

20世纪90年代初,日本气动元件生产巨头SMC公司开始向海外扩张。此时中国随着改革开放的不断深入展现出巨大潜力,也吸引了SMC公司开始积极探寻与中国展开合作的可能。1991年,日本SMC与部分中国高校开展产学合作。一批高校教师受邀前往日本的SMC筑波技术中心做客座研究员,从高校教师的角度与企业研究人员进行合作研究、学术交流。通过这个国际化的产学合作,日本SMC公司与中国结下了不解之缘,也为SMC公司在中国投资建厂打下了基础。

1993年，SMC公司在清华大学、哈尔滨工业大学、北京理工大学建立了SMC技术中心，通过这样的一个产学合作平台，在中国的理工科大学开始培养中国气动技术高层次人才。此时的日本SMC公司对于到中国投资跃跃欲试，曾经的SMC筑波技术中心客座研究员们也希望在双方产学合作的成果基础上成立一个企业，作为国家理工科教育发展的平台。时任北京理工大学教授的赵彤等人接受SMC公司委托，开展投资中国的前期考察工作。

彼时的北京、上海、深圳、天津、大连等地都已经建立经济技术开发区。沿海的经开区因起步早，已有一定规模，也有较好的政策，形成了一定的企业集群效应。北京的经开区则于1991年开始筹建，仍属于基础设施建设阶段，视野可见内还是一片农田。但北京经开区在筹建之初就确定招商引资工作按照"建设项目以'高新技术、出口创汇、利用外资'项目为主"的原则，与经开区的各项筹备工作同步启动，1992年开始广泛对外招商，已有美国通用电气（GE）医疗、日本松下电工等世界500强投资项目相继入区。

经过广泛、深入的调研考察后，调研参与者们都感受到北京经开区是一片投资的沃土。根据调研结果，SMC公司很快决定在北京经开区投资建厂。然而，当时的SMC公司集团董事会成员没有人来过中国，也没有合适的人选到中国筹建投资公司，便以赵彤为法人代表注册了公司，办理了相关手续。作为前期协助开展SMC公司投资调研和可行性报告分析的大学教师，不知不觉中转变成了一个现代化企业的经营者。

在SMC（中国）筹备过程中，还有一个关于SMC（中国）成为第一家外商独资企业的小插曲。当时的外资企业因不熟悉中国国情，进入中国后大部分都成立了合资企业，认为有一个中方合作伙伴有助于适应中国的经济环境。SMC公司最初的计划也是在中国创办合资企业。然而由于未找到合适的合资伙伴，赵彤向经开区管委会寻求帮助。管委会领导在详细了解情况后，认为赵彤作为北京本地人对中国非常了解，向赵彤建议SMC以独资的形式建立公司，赵彤听后豁然开朗，最终，SMC公司采纳了管委会领导的提议，成立独资企业。1994年9月2日，SMC（中国）有限公司成了经开区首家外商独资企业。

SMC（中国）有限公司举行开业典礼（企业提供）

政企携手助推企业发展

随着公司注册成立，厂房建设工作摆在了眼前。当时SMC（中国）的第一工厂选址在万源街7号，是离经开区管委会办公楼"小红楼"最近的一家企业。刚成立的SMC（中国）筹建者赵彤是大学教师出身，对企业经营、厂区建设都不熟悉。经开区管委会表示对入驻经开区企业应尽力协助，企业遇到基建困难问题，经开区就协助解决。管委会领导们还表示："有一家外资企业找我们中国人来做老总，我们大家多支持他一点，来证明中国人也能办得好一个现代化企业。"

在经开区管委会和SMC（中国）的合力推进下，SMC（中国）第一、第二工厂的建设可称神速。1995年6月奠基的第一工厂，1996年7月生产出了第一批气缸，9月第一批气缸就已出口日本，开始走向世界。1996年第二工厂奠基，1997年便正式投产。此后SMC（中国）不断扩大规模，先后在中国设立7座工厂，其中第一、第二、第四工厂位于经开区。2020年12月，日本SMC公司调整战略布局，2021年4月完成业务重组，在经开区成立了SMC投资管理有限公司和SMC自动化有限公司。SMC投资管理有限公司作为中国地区总部，代表SMC株式会社负责在中国的投资、资金集中管理、财务集中管理等运营工作，下设SMC（中国）有限公司、SMC（北京）制造有限公司、SMC（天津）制造有限公司、SMC（广州）自动化有限公司及SMC自动化有限公司5家全资子公司。

SMC（中国）董事长赵彤谈及公司在经开区从一个生产加工型企业发展为中国地区总部，认为公司的发展离不开所有员工的共同努力，但更重要的是，公司快速发展的30年处于经开区快速发展的阶段，处于改革开放以来中国经济、社会快速发展，发生巨大改变的重要时期。

SMC（中国）成立之初是较为典型的加工贸易外商投资企业，是作为集团公司面向全球的生产出口基地。SMC（中国）生产的产品种类特别多，所有进口的材料和零部件要录入海关贸易台账，生产出产品出口时要核销。而当时的中国加工贸易的海关监管，一般都是手写的台账，在登记手册中记录进口的原材料、出口成品以及单耗。

随着中国加工贸易的发展，外资企业的不断涌入，海关部门开始考虑改变监管模式，利用先进技术手段提高监管效率。1996年，筹建中的北京经济技术开发区海关办事处（现亦庄海关）提出一个大胆和超前的思路：依托网络技术开展加工贸易企业联网监管，"以加工企业为单元"取消合同式管理，海关端利用计算机监管程序，进入企业的生产管理系统，对它的物流实行实时动态性监管。在SMC（中国）的支持和配合下，系统测试阶段，获得数千票报关单和万余条ERP生产记录双向比对成功实例，证明联网监管的可行性。

1997年11月，经海关总署批准，全国5家企业试行加工贸易全过程计算机联网。SMC（中国）与开发区海关办事处计算机联网，成为全国第一家实现网上监管企业，成功取消了SMC（中国）纸本手册，加工贸易通关手续得到了大大简化。

SMC联网模式成为海关系统加工贸易监管新模式的成功典范，实现了海关系统对加工贸易企业保税业务监管从"合同为单元"过渡到"企业为单元"管理的飞跃，实现了从纸本手工作业到信息化管理的飞跃。SMC联网模式中一系列的模式创新，如企业电子底账取代纸本手册，数据自动上载，联网申报，成品出口自动扣减料件等解决方案，成了此后开发区海关办事处探索新型联网监管模式的重要参照。

1998年，SMC（中国）有限公司外景（企业提供）

海关联网的实现，是改革开放后中国从计划经济到市场经济的转轨过程中，推进管理现代化的典型事例，也成为经开区政企携手探索先进管理理念的创新实践之一。

深耕近 30 年不忘企业责任

SMC（中国）自 1996 年正式投产以来，生产规模、产值、技术水平不断提高。2022 年度 SMC 在中国区域营收额达到 169 亿元，其中位于北京经开区的 SMC 中国总部营收额达到 138 亿元。公司以先进的管理和可靠的质量在世界气动市场上打出了 Made in China 的 SMC 产品。近 30 年的发展中，SMC（中国）始终遵循的经营宗旨是："以一流的气动技术为全球的工业自动化做贡献；以温暖的心为全体员工的幸福生活做贡献；以宽广的胸怀为社会的和谐与繁荣做贡献。"

"以一流的气动技术为全球的工业自动化做贡献"体现的是技术的价值。SMC（中国）是生产气动元件的企业，是靠技术来为社会创造财富的

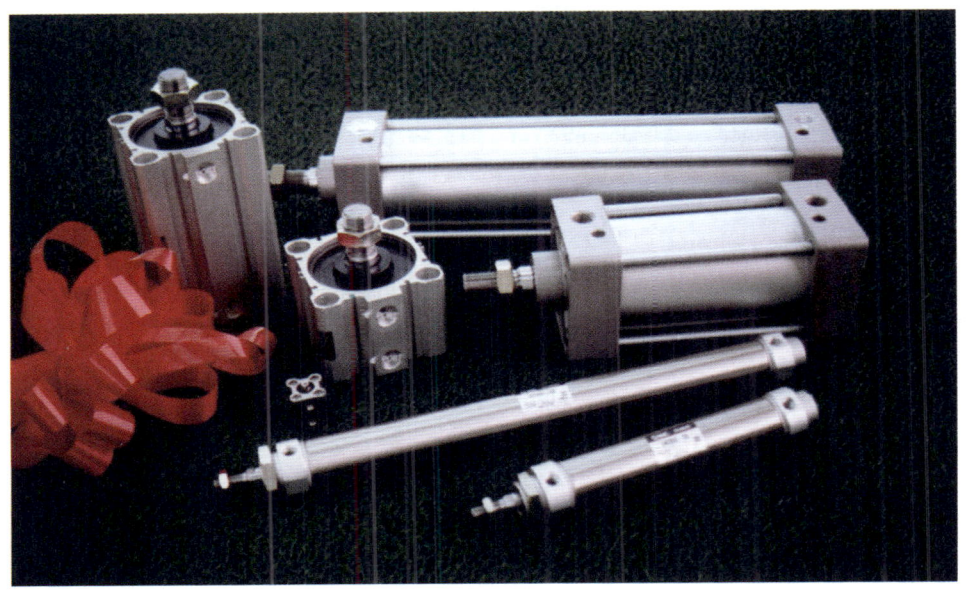

1996 年，SMC（中国）有限公司生产出第一批出口气缸（企业提供）

企业。建厂之初，SMC（中国）引进的是当时世界上同行业中最先进的现代化生产设备，其中"CNC高精度数控加工中心"等设备在日本公司尚未投用，就在经开区列装；还引进了完整的气动元件生产工艺，使中国拥有自主设计与生产最新产品的能力。

1997年2月，SMC（中国）进行设备启动仪式（企业提供）

2007年，SMC（中国）成立了中国技术中心，依托自动化需求不断增长的巨大国内市场及SMC全球化量产工厂，在承接日本技术中心委托项目的同时针对中国客户开发个性化产品，在服务中国市场的同时不断贴近全球工业自动化的先端技术，加速国际先进气动技术向中国转移。截至2022年，技术中心约有160名工程师，负责前沿技术的开发研究、产品性能的研究、非标品的设计与制造、系统开发设计及3D CAD等。

SMC（中国）曾有国内的机械行业考察团赴日本SMC公司调研，日本SMC总裁高田芳行说："如果你们以后再想考察先进的气动技术，只要去北京经开区的SMC看就行了。"SMC（中国）在近30年的发展历程中，切实地用一流的气动技术推动国家的工业自动化和全球的自动化。这离不开公司"以温暖的心为全体员工的幸福生活做贡献",用"以人为本"的理念培养出了世界一流的团队。无数年轻人在SMC(中国)这个事业的平台上茁壮成长,为事业的发展竭尽全力,推动企业健康持续发展。

2011年7月,SMC公司入选中国机械500强和中国机械500大企业(企业提供)

企业的长远发展靠人才,经开区的长远发展靠企业,企业的发展便是为地方经济发展的繁荣做贡献。企业对社会的价值体现在方方面面,经济贡献只是最明显的贡献之一。SMC(中国)作为一家与国内大学产学研合作平台上诞生的外商独资企业,始终坚持走产学研结合的道路,推动技术普及和技术开发工作,借助与国内院校的合作,吸纳了一批批优秀人才成为公司发展的骨干,通过人才本土化、全员参与管理、合理化改善等战略措施,不断提高员工素质,推动企业创新发展,促进资产、技术、人才等方面的流动与融合。截至2022年,公司先后与清华大学、北京理工大学、哈尔滨工业大学、南京理工大学等14所大学合作建立气动技术中心,培养从学士、硕士到博士的高层次技术人才,并在各校设立SMC奖学金,

为中国培养大批气动技术专业人才。此外，公司早在2008年就成立"北京SMC教育基金会"，其宗旨是产学结合、育教于人，为中国教育事业发展尽微薄之力。

SMC（中国）入驻经开区近30年，深受管委会"投资者的成功，BDA的繁荣"价值观的影响，始终坚信自身发展与地区繁荣、行业发展密切关联。正如经开区为企业服务、为企业发展保驾护航的实践一般，SMC（中国）同样坚持履行社会责任，努力创新，不断提高行业尖端水平。相信在不久的将来，SMC（中国）将达到新的高度，带来新的惊喜。

（张啸天　李秀芬）

GE 医疗——助力实现"中国智造，服务全球"

> 1995年，美国通用电气医疗集团在中国的第一家合资企业航卫通用电气医疗系统有限公司在开发区的新厂房落成投产，主要生产CT机、MRI（核磁共振扫描仪）和医学影像设备及其他医用设备。同年，美国通用电气医疗集团全资子公司北京通用电气华伦医疗设备有限公司在开发区成立，生产X光机。
>
> ——《北京志·北京经济技术开发区志》P148

一百多年前，我国最早应用于医学诊断的X射线检测仪来自美国通用电气医疗公司（GE HealthCare）。改革开放以来，GE医疗深度参与其中，不断为医疗大健康领域高质量发展贡献力量。如今，GE在中国已经建有五大生产基地、6个工厂。其中，在全球销售的GE医疗CT机中，70%产自GE医疗北京影像制造基地（简称GE医疗北京基地），出口占北京市医疗器械出口额的近一半。这个制造基地就位于北京经开区，见证并深度参与了中国国产高端医疗设备制造发展的历程。

落地30余年　从年产30台到占供货量2/3

如今，GE医疗北京基地是"北京医疗设备国产化示范基地"，包括航卫通用电气医疗系统有限公司（简称GE航卫）和北京通用电气华伦医疗设备有限公司（简称GE华伦）两个经济实体。

1986年，GE医疗在北京设立办公机构。同时，原航空航天部也在寻找与外商合作的机会，重点项目之一就是医疗器械研制生产。经GE医疗与原航空航天部、卫生部多次协商，决定利用三家优势合资办企业是最有利的合作方式。1991年，合资企业的合同章程通过外经贸部批准，GE航卫在海淀区挂牌运行，成为新中国成立后GE医疗在中国的第一家合资企业。1992年，GE航卫已有年产30台CT的生产能力。

考虑到企业未来发展空间，GE航卫开始着手选定新址。恰逢北京经开区招商引资工作与基础设施建设工作同步启动，对外发布招商引资原则为重点发展"五少两高"的产业，也有相应鼓励外商投资的若干政策，GE航卫作为高新技术企业顺利入区。1992年10月6日，GE航卫与北京经开区举行土地使用权转让合同签字仪式。1995年，GE航卫新工厂建成投入使用，GE航卫成为GE医疗全球普及型CT的唯一生产中心，面向国际市场，直接参与国际竞争。同年，GE医疗的全资子公司GE华伦也在北京经开区注册成立，设计研发生产X光机等影像设备。

20世纪90年代，GE航卫举办的第一届培训参与人员合影（企业提供）

随着技术创新和生产规模不断提升，1997年GE航卫成为市级技术中心，其所生产的CT产品处于国际先进水平，被卫生部专家组会议定为向全国用户推荐产品；彼时，所产CT系列产品市场占有率和出口数量均属国内第一。GE航卫第1000台CT于2000年7月下线，由此，GE航卫成为GE医疗全球主要的CT生产基地之一，成为北京经开区主要出口企业和纳税企业，北京市机电产品主要出口企业。

进入21世纪，北京经开区投资环境建设取得明显成效。随着CT业务的迅速发展，GE医疗开始在北京工厂拓展产品线，并于2003年将GE航卫和GE华伦两大工厂实行统一管理，建成GE医疗北京影像设备制造基地，成为研发和生产CT、磁共振、X光机、手术机、乳腺机、核医学等医疗器械的基地。彼时，GE医疗全球销售的CT大概25%是产自北京基地，中国CT市场中也有很大的装机量来自北京经开区的GE医疗影像设备制造基地。2009年，GE航卫实现累计CT产量1万台，成为中国CT的第一大生产厂、第一大出口厂。GE医疗北京基地也成了GE全球第一大生产基地、中国最大规模的医疗设备出口基地之一。

自2010年起，GE医疗不断扩大在中国研发和国产供应链的投入。据资料显示，2011年左右，GE医疗在北京经开区办公的研发人员占比超过60%，迫切需要建立一个大的研发中心。在北京经开区支持下，通用电气医疗北京科技园2014年开始建设，2016年投入使用，面积超过7万平方米，包含1000多人的研发团队和120多个研发实验室，从事大型医疗影像诊断设备的研发试制和运营管理。同时，GE医疗在北京的服务团队和其他支持部门迁入，形成一个集研发、培训、管理及办公于一体的综合性的GE医疗北京科技园区，推动研发创新的本地化。

2016年，GE医疗北京工业园实验室（企业提供）

2023年2月，GE医疗在北京影像设备制造基地拓展了2000多平方米的分子影像设备产品线，组织高端PET/CT等分子影像设备的国产制造，实现中国核医学产业供应链的全面国产和安全供给。目前，GE医疗全球销售的每3台CT里就有2台产自北京工厂，GE医疗北京基地已成为GE医疗全球最大的影像设备生产基地。

加码研发　从国产供应链到全面国产创新

GE医疗作为较早在中国投资的国际企业，成立合资企业之初就决定不局限于生产线和供应链国产布局，更重要的是在中国做产品的设计研发。GE航卫和GE华伦以科技创新为驱动的发展史，可以说是中国高端医疗器械"国产发展史"的缩影，经历了本土组装、部件本地化、系统集成、规模化国产、全面国产和创新的发展道路。

GE航卫和GE华伦成立之初，GE医疗北京团队就承担着研发功能。1995年GE华伦成立后，中国的研发工程师团队重点进行X射线机的设计研发、推向市场。1999年，GE华伦携中国本土研发的产品参加北美放射学会展会，第一次向全球推出中国创新的产品，得到同行们的肯定。这个项目使GE华伦逐渐在GE医疗全球研发团队中建立起信誉，开始参与更多的全球项目研发，同时，由北京研发团队设计开发、在GE医疗北京基地生产的X光机产品在国内很多医院装机使用。

GE航卫成立后主要生产经济型CT产品，随着北京经开区首个市级企业技术中心成立，以及第1000台高科技CT的下线，GE航卫发展成为研发、生产、制造、出口全方位发展的企业。2000年开始，GE航卫路线推出中国团队研发的单排、双排螺旋CT产品，尤其是双排螺旋CT的上市，以先进的技术特性和高性价比掀起一波装机热潮，让很多中型医院也有能力购买双排螺旋CT。产品也从GE医疗的北京制造基地走向全球销售，标志着GE医疗北京CT影像技术研发团队走向国际化。2000年起，GE医疗北京制造基地研制、生产的产品得到全球市场的认可和认证，源源不断向全球供应产品。

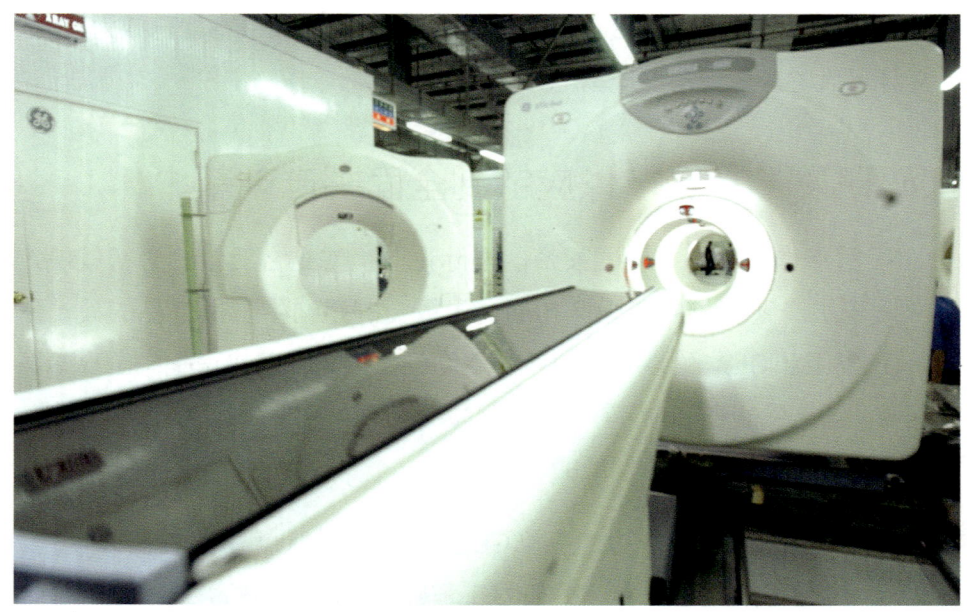

2003年8月18日，GE航卫生产线（企业提供）

  随着在中国供应链布局拓展和发展，GE医疗开始在中国寻找、培养供应商。2003年起GE医疗在中国的采购迅速发展，通过本土采购降本增效，中国经济的高速发展使GE医疗在中国发展强韧的供应链提供了很多优势条件。GE医疗采用中国供应商提供的零部件，在北京制造基地生产后出口全球，代表着中国制造产品达到全球同类产品的质量水平，得到了医疗设备全球客户的认可。正因如此，2007年起GE医疗也逐渐在中国建立起关键零部件研发和生产能力，组建研发生产团队，提升核心探测器相关技术设计、制造能力。经过多年磨砺，GE医疗北京基地将CT探测器制程工艺进行技术创新，从而极大地提高了该种高精密产品制造过程的稳定性和成品质量。关键部件国产化方面快速成长，产品设计和工艺流程上均在全球领先。

  2017年起，位于经开区的中国CT研发团队着手高端能谱CT的研发，推出Revolution HD超高端产品。2020年，伴随超高端256排Revolution CT产线在经开区投产，GE医疗北京基地实现了从核心探测器到超高端

CT设备的全链条、全系列影像设备的全面国产。2022年，国产MX135/MX165球管在GE医疗北京基地首发；国产最高端的Revolution CT M80/M160探测器下线，实现核心零部件在北京生产，这是GE医疗北京基地高端医械制造的又一重要里程碑。

立足北京、深耕医疗影像设备制造30余年后，GE医疗北京基地成为GE医疗中国实施"全面国产"战略的最佳典范。供应链遍布全球，中国国内的核心供应商超过150家。64排CT等产品的零部件国产化率85%，其中最为核心的2款探测器或像芯片的国产制造，在产品设计和工艺流程上都是全球领先，部分工艺被美国工厂采纳，实现反哺全球。GE医疗北京基地成为中国智造慧全球的典范。

2019年5月，GE医疗Senographe Crystal Nova乳腺X射线机全球首发（经开区融媒体中心提供）

担当尽显　从全球"抗疫先锋"到产业链协同发展

GE医疗北京基地是为数不多在中国研发、生产超过30年的国际品牌，1991年成立的GE航卫可以说开启了国产高端医疗设备制造的元年，为国际医疗品牌在中国市场的持续投入和深度运营模式带来了示范效应，同时GE医疗北京基地也始终用实际行动承担起了社会责任。

2003年"非典"疫情期间，GE医疗北京基地没有一天停止CT机、X射线机的生产，尽最大的努力向市场发货、装机，同时保证机器的正常运行。"新冠"疫情期间，GE医疗北京基地生产的肺部扫描检查和精准诊断的CT设备和高端移动X射线机，在抗击疫情前线起到了重要作用。其间，推出的"深度天眼CT"，实现医患隔离的隔室操作，且单个病人扫描时间缩短了30%，为后期诊断治疗抢出了宝贵时间，成为全球抗疫神器。基于"深度天眼CT"设备的诺亚方舱影像检查解决方案在全球50多个国家装机应用。该设备也是北京冬奥期间，服务张家口冬奥村方舱影像检查的同款设备，在赛事期间为冬奥运动员提供了及时、精准的影像检查。

GE医疗承担的社会责任还体现在30年来对人才的培养。GE医疗作为一个商业公司，始终以科技创新为驱动，把人才成长与公司产品研发、业

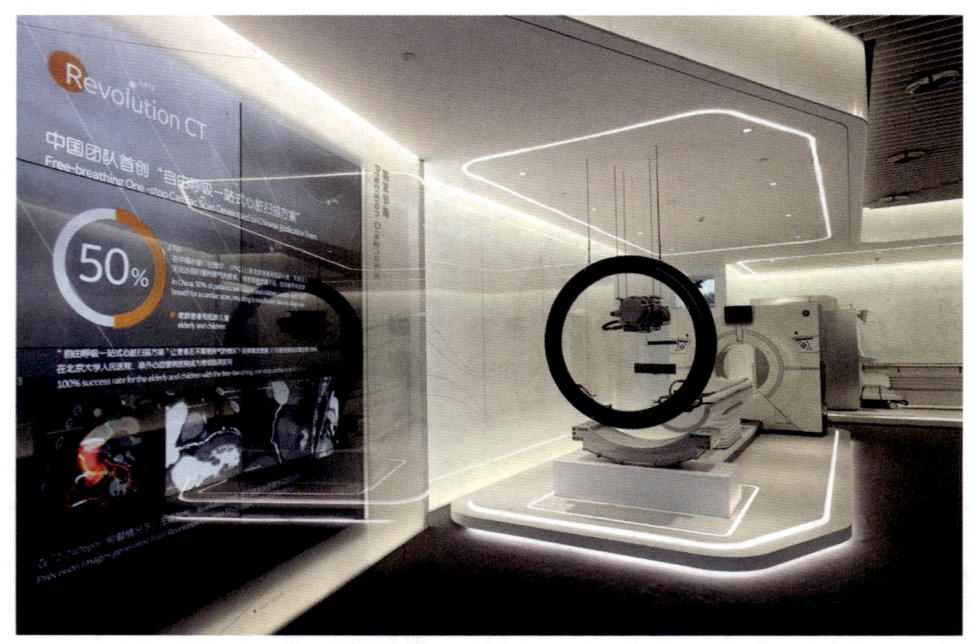

2022年5月，GE医疗与清华工研院打造的G2创·中心（企业提供）

务发展紧密结合，建立了全面的人才培养计划，包括爱迪生工程师培养计划、领导力培训、管理培训等。从GE集团包括GE医疗离开的员工流动到不同的行业，担任各种各样的职务，通过不同方式助力中国企业和产业的发展。而GE医疗北京基地作为高端医疗器械制造数字化、智能化的示范工厂，则带动了一批供应链上下游供应商的智能化发展，打造共赢的供应链生态圈，助力上下游企业更好地参与国际国内外双循环的经济发展。

2023年初，GE医疗中国与北京市政府在经开区签署战略合作备忘录，明确扩大在京投入，深化与北京市及经开区的合作。GE医疗北京基地作为GE全球智慧制造模范，未来将继续携手经开区，为国际医疗品牌在中国市场的持续投入和深度运营模式带来示范效应，带动一批供应链上下游供应商的协同发展，助力中国制造行业的不断升级，更好地实现"中国智造，服务全球"。

（李秀芬　周平）

施耐德——电气龙头的中国之旅

> 1997年,法国施耐德电气(Schneider Electric)在开发区投资成立施耐德(北京)中压电器有限公司,专注于提供中低压成套设备及技术解决方案,生产工业用金属铠装式开关柜和高可靠性低压配电柜等。投资施耐德(北京)低压电器有限公司,生产低压电器设备塑料壳式断路器。
>
> ——《北京志·北京经济技术开发区志》P160

从法兰西一隅小镇的炼钢厂起家，到如今电气行业的世界龙头，施耐德电气用200年织就一张布满全球的产业网。它进入了中国，将千家万户的保险丝更新为了先进的断路器，又根植于中国开始了新一轮的产业探索。最终，施耐德（北京）交出了这份令人满意的答卷，引领施耐德电气的绿色发展战略再次弥扩寰宇。作为经开区绿色发展战略的重要一环，施耐德（北京）也正被期待着写出更加美好的续篇。

取代传统　中国首秀

作为世界电气设备的行业龙头，施耐德电气最著名的代表性产品便是各式各样的断路器。断路器又名空气开关，在电器工作发生异常时自动切断电源以保护设备安全，在我们日常生活中往往与电闸混为一谈。在20世纪80年代以前，国内普遍使用保险丝承担这一任务。保险丝成本低廉，但也有其固有缺陷：每次熔断都需要人工更换，且面对大额电流往往力不从心。

施耐德电气意识到了这一商机，带着新型断路器技术进入了中国。1987年3月10日，法国施耐德电气公司通过旗下的梅兰日兰公司在天津成立合资企业天津梅兰日兰有限公司，迈出了走进中国的第一步。在天津梅兰日兰有限公司取得初步成功后，施耐德电气公司决定更进一步，在北京建立新的生产工厂。1995年，施耐德电气（中国）有限公司在望京成立，与建设初期的北京经开区展开了合作谈判。

广阔的工业用地、优良的生产环境、充分的政策支持、便捷的交通设施，无一不吸引着这家试图进一步扩张市场的跨国集团。1997年，施耐德（北京）中压电器有限公司与施耐德（北京）低压电器有限公司先后在位于经开区永昌北路3号的永昌工业园挂牌成立，基于北京拓展全国市场。

1997年5月16日,施耐德总裁皮诺到经开区调研考察(企业提供)

1999年,施耐德北京物流中心在经开区宏达北路建成,业务不断扩展的施耐德(北京)低压电器有限公司也独立搬迁至位于荣昌东街的隆盛产业园,经开区逐渐成为施耐德电气中国业务的中心。

从最初的买入半成品进行加工组装赚取第一桶金发展到从法国批量转移生产线,执行从零件生产开始的全部工序,施耐德(北京)的生产技术含量一路走高,经营销售也水涨船高。

2003年,施耐德(北京)成立技术部门,启动了生产线的国产化。通过逐步将生产所需零件更换为同标准国产零件的方法,施耐德(北京)在保证产品质量的基础上压缩了生产成本,提高了市场竞争力。同时,施耐德(北京)也激发了一大批配件供应商的生产经营活力,推进了国产电气设备产业链的中下游供销构建。

2007年,两家公司的产品销售收入总计已经突破20亿元大关,两处工业园也逐渐开始无法满足企业的生产需求。经过洽谈，施耐德电气旗下两家公司决定迁离工业园区，合并搬迁至用地充足的凉水河二街。2009年1月，施耐德（北京）中低压电器有限公司（简称施耐德中低压）正式成立。彼时凉水河右岸尚未开发、一片荒凉。作为最早一批来到此地的企业之一，施耐德全体员工上下一心、众志成城，克服了交通、生活上的种种不利条件，助推施耐德迅速渡过了合并的"阵痛期"。

2015年，施耐德中低压外景（徐长玥摄）

2022年，施耐德再次更名施耐德（北京）低压电器有限公司，公司销售额已经达到28亿元，实现了当年初入中国时"以断路器替代保险丝"的伟大宏愿，更成功在中国设定了新的断路器标准，助力施耐德电气成为中国电气行业的领头羊。

立足基建　中国助力

进入中国以后，施耐德电气广泛参与到各项重大工程的投标建设。在进入北京以前，施耐德旗下的梅兰日兰公司便参与到中国最为瞩目的水利工程——三峡大坝的建设。在三峡大坝双向五级永久船闸的控制中心与20个控制室，每一台控制柜都安装了梅兰日兰生产的UPS和OBO防雷器。

在进入北京后，施耐德电气得以凭借地利优势参与工程投标建设。随着北京申奥成功，被昵称为"鸟巢"的国家体育场于2003年开工建设。施耐德电气提供的KNX智能照明控制系统得到了采用，北京低压工厂也加班加点全力投入生产。2008年3月，"鸟巢"按时竣工，其电气系统全部使用施耐德低压电器产品，实现全天无断点24小时供电，施耐德的贡献也与"鸟巢"共同永久镌刻在北京的中轴线之侧。

2010年世博会，施耐德电气同样没有缺席。包括"老家"法国展馆在内，施耐德电气为23个展馆提供了独创的智能楼宇管理解决方案和配电管理，同时积极参与世博会相关配套设施建设。

除了文化体育盛会，施耐德电气积极参与民生建设。施耐德与中国铁

2017年，施耐德中低压生产线（徐长明摄）

路行业展开深度合作，提供火车站智能化改造方案、参与既有铁路电气化工作，将企业领先全球的数字化配电解决方案覆盖包括调度中心、牵引供电、电力变配电、通信信号、枢纽站房和隧道等在内的铁路行业全场景应用。大到2021年完成智能化改造的虹桥火车站，小到"复兴号"上乘客们低头可见、位于座椅下方的电源插座，施耐德深耕铁路行业，与前进中的中国铁路携手共进、同脉共振。

同时，施耐德电气积极开展"go west"项目，在西安、重庆、武汉多地建立研发中心或工厂，投身中西部建设。

绿色建设　中国领衔

作为一种广泛应用于高压电气设备制造的人造惰性气体，六氟化硫是施耐德电气在设备生产中的重要绝缘气体材料。这种气体虽然无害，但在电弧作用下极易分解为四氟化硫等有毒有害气体。经过生产研究，施耐德建立了完善的安全监测体系避免这一物质在生产线中泄漏造成危害，但是已经出厂的设备却无法面面俱到地被监测，生活中的六氟化硫泄漏始终是空气污染与温室效应的重要推手之一。

为了解决这一问题，施耐德电气开始从生产材料本身下手，研发不使用六氟化硫的断路设备。施耐德电气将这一重要的任务交给了蓬勃发展中的中国，在以施耐德电气北京工厂为首的各大科研中心艰苦攻关下，通过使用干燥气体代替六氟化硫的施耐德新型无六氟化硫（SF_6-Free）中压技术成功推出并摘得2020年iF年度设计大奖，随后迅速被推广至施耐德电气旗下的全球应用。施耐德（北京）成为无六氟化硫绿色系列的全球领航者，在世界断路器的发展历史上写下浓墨重彩的不朽篇章。

在推进绿色产品研发生产的同时，施耐德电气也逐步推进着生产工厂的绿色化进程。2018年，施耐德（北京）经过数字化提升，大大提高了

施耐德中低压二次输配电产品全球生产研发中心（马兰摄）

生产效率，降低了能源消耗，获评施耐德电气全球智慧工厂项目中的样板工厂；2019年，施耐德电器在中国最大的光伏项目基地——2.4兆瓦光伏并网发电系统在施耐德（北京）落成。该系统为北京工厂提供30%的电能，年减排二氧化碳量约2657.8吨，获得工信部颁发的"绿色工厂"称号。2021年8月24日，施耐德（北京）获颁碳中和试点项目，成为行业绿色生产的标杆参考。

2022年12月15日，施耐德（北京）完成对直接温室气体排放和外购能源带来间接温室气体的100%抵消，达到五星级零碳工厂等级，获钛和认证颁发的零碳工厂（Ⅰ型）五星级认证证书，成为北京市第一家经权威机构认证的零碳工厂，正式宣告走在了零碳绿色生产的最前沿。

无六氟化硫技术的研发与零碳工厂的改造升级，离不开施耐德电气在

2020年6月29日,施耐德中低压在疫情防控下的追产增产(企业提供)

中国的科研人才培养体系。施耐德电气深知,扎根中国经营就要在中国建立科研体系,培养中国技术人才。2006年,施耐德电气启动大学计划,仅用三年便建立14所联合实验室、5个研发合作项目,捐赠实验设备价值逾1500万元,并向中国多所高等学府提供总价值600万元的奖学金,获益学生超过千人。通过合作实验教室,培训在校学生1200人,接收450余名学生在施耐德电气进行暑期实习,招聘应届毕业生超过400人。在无六氟化硫技术的研发团队中,有接近60%为中国本土人员,他们成为这一关乎施耐德电气全球战略之技术研发的中流砥柱。

"我们的责任始于更安全、更可靠地使用能源。同时我们的行动也证明,在发展经济的同时,施耐德电气并没有忘记自己的社会责任。我们致力于为我们所在的社会提供帮助,当灾难降临时尽自己一份力量,向那些需要帮助的人伸出援助之手。"在社会事业上,施耐德电气通过自己的实际行动将这一企业理念照进了现实:自2003年以来,施耐德电气通过员

工捐赠的方式向中国青少年基金会捐款200万元，建立起8所希望小学、2所孤儿院和1所特殊教育学校。2008年中国湖南和四川地区先后受到了雪灾和地震等自然灾害的袭击，施耐德电气为湖南省受灾地区捐赠价值50万元的配电设备，并派遣专业工程师队伍，帮助重建当地输配电网络；在汶川地震后，施耐德电气先后捐款800万元，用于救灾以及灾后教学重建工作，同时积极投身灾区重建工作……在社会需要帮助的时候，从来不会缺少施耐德电气伸出援手的身影。

（陈知晖）

安川首钢——凤凰落栖泡桐树

1996年8月，由中国首钢（集团）总公司、日本株式会社安川电机和岩谷产业株式会社共同投资的首钢莫托曼机器人有限公司在开发区成立，是国内第一批工业机器人企业，总投资700万美元，主要从事工业机器人及其自动化生产线设计、制造、销售。1997年9月，首钢莫托曼机器人有限公司装配完成的第一台机器人下线。

1998年第一套弧焊机器人系统出厂，进入汽车零部件行业。1999年，第一套双机协调弧焊机器人及第一套等离子焊接机器人系统投入运行；自行研发制造的机器人汽车挡风玻璃涂胶系统，填补国内技术空白，销售收入突破1000万元。2004年，销售收入突破亿元大关。第一条重型汽车车桥机器人焊接生产线和九工位、60米长的轿车挡风玻璃自动涂胶装配生产线投入运行，其中采用激光视觉检测技术的涂胶系统是当时国内最先进的机器人车身检测系统。

——《北京志·北京经济技术开发区志》P149、P153

在2023年世界机器人大会上,一家企业把新能源电池盒机器人智能生产线搬进了他们所在的北京亦创国际会展中心A112展位,吸引了众多业内人士和机器人爱好者的目光。该产线利用7台工业机器人集成了数字孪生等多项技术,展示出电池盒领域机器人生产线的信息化、数字化、智能化水平。

这条具有国内顶尖机器人技术的生产线就来自安川首钢机器人有限公司(简称安川首钢),这是我国第一家工业机器人生产公司,也是在北京经开区不断成长壮大的企业。对于安川首钢与北京经开区来说,是识于微时的伙伴,也是一路携手奋进的战友和"亦家人"。

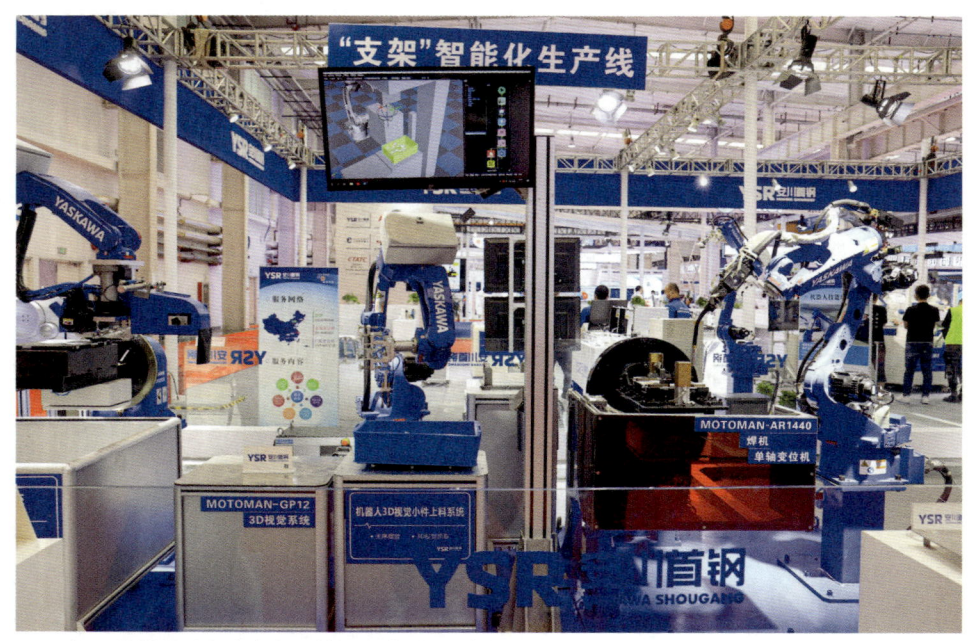

2021年,世界机器人大会安川首钢展位(张磊摄)

识于微时　泡桐树旁安了家

20世纪90年代,我国本土企业不断更新技术,促进产业结构优化升级。首钢集团作为国内工业产业巨头,在改革开放的东风中,向着高科技领域不断寻求新突破。

1993年，首钢集团的一名青年员工怀着对机器人技术的无限向往，与其他几位志同道合的伙伴一同向首钢集团上交了一份项目计划书，建议集团与日本知名工业机器人企业安川电机合作，合资成立一家工业机器人公司。而这家公司就是首钢莫托曼机器人有限公司（2011年更名为安川首钢机器人有限公司），而这名青年员工就是如今安川首钢的副总经理曹利。

据曹利回忆，安川首钢最初的选择并非北京经开区，而是另外一个高科技产业园区，已经办理完成了相关审批手续，只待入驻。一次偶然的机会，北京经开区负责招商的工作人员到首钢集团谈业务，了解到安川首钢的建设计划，认为安川首钢的定位十分符合北京经开区的招商目标，便积极争取安川首钢入区。在数次交流协商过程中，安川首钢被北京经开区的诚意所打动，最终选择入驻北京东南这片热土。

1996年8月，安川首钢正式落户北京经开区，在长满泡桐树的宏达北路安了家，并在这里播下了工业机器人产业的火种。如今，安川首钢已成为中国工业机器人头部企业，带领中国工业机器人产业从弱变强，推动智能制造高质量发展。安川首钢于曹利而言，是初时的梦想，也将是凝聚其毕生心血的事业；于行业而言，是第一个敢于吃螃蟹的勇士，也是行业发展的见证者和风向标；于北京经开区而言，是识于微时的伙伴，也是一路携手奋进的战友和"亦家人"。

技术创新　厚积薄发终破局

创立之初，安川首钢的日子并不好过。但是，志之所趋，无远弗届；穷山距海，不能限也。1997年，安川首钢厂房全面竣工，年内，第一台机器人"走下"生产线。1998年，第一套弧焊机器人系统出厂，标

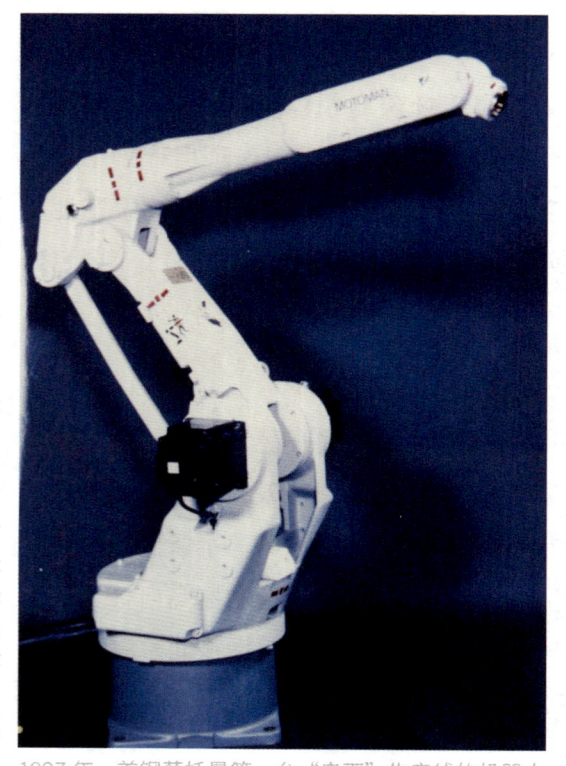

1997年，首钢莫托曼第一台"走下"生产线的机器人（企业提供）

志着安川首钢正式进入汽车零部件行业。不过，年年亏损的业绩使得中日投资方都开始动摇——"中国的机器人行业到底行不行？有没有希望？"面对经营的压力和上级的询问，曹利和管理团队出于对未来制造业的发展预判，给出了肯定的答案："未来一定是美好的，中国工业机器人产业腾飞只是一个时间问题！"

如何破局？不仅有信心，还得有实干精神！安川首钢选择了积极研发，力求以技术打开市场大门。1999年，安川首钢自主开发、设计、制造的第一套机器人汽车挡风玻璃涂胶系统完成，成功地填补国内空白。同时，安川首钢重视市场培育，花费大量人力、物力、财力向客户普及机器人概念、功能以及优势，持续培育国内工业机器人市场环境。

抱着极强的信念，安川首钢咬牙坚持了下来，也终于迎来了希望的曙光。2001年，中国汽车产业爆发，安川首钢凭借5年来的积累，厚积薄发。随着第一套消声器焊接项目的完美收官，奠定了安川首钢在汽车排气系统机器人焊接领域的领军地位。此后，公司开始大量承接汽车排气系统机器人焊接项目。同年，安川首钢经营实现扭亏为盈，曹利和管理团队的坚持得到了回报。

1999年，安川首钢自行研发制造的第一套挡风玻璃涂胶系统（企业/提供）

向难而行　直面市场的挑战

2005年1月，我国取消了汽车进口的配额许可证管理；同年8月，商务部出台《汽车贸易政策》。我国汽车产业融入全球市场，再次迎来巨大飞跃。汽车产业的发展扩大了汽车自动化生产线的市场需求，安川首钢也由此迎来了新的发展机遇和挑战。

当时，安川首钢凭借机器人系统集成方面的顶尖技术，承接了一条大型汽车底盘生产线，这条生产线的建设基本占据了公司所有资源。挑战也就此出现——市场上又出现了两条大型生产线招标。接还是不接？这个难题摆在了安川首钢管理人员的面前。经过反复斟酌、多次集中讨论，安川首钢决定将这两条生产线全部接下。安川首钢明白，当项目成功交付，公司也将在未来的市场中占据更高地位。

2008年，安川首钢承接的国内第一条等离子显示屏洁净机器人搬运生产线（企业提供）

目标确定后，安川首钢即刻召开动员大会，向员工们告知接下来任务的艰巨和重要性，并决定在项目完成时对技术人员、工程人员进行奖励。最终，三条生产线如期完成，安川首钢凭借这股拼劲与魄力，创造了行业奇迹。三条生产线的交付为安川首钢带来了利润，也为公司赢得了口碑，在市场上树立了良好的品牌形象。2006年以后，我国汽车底盘机器人生产线市场大规模发展，安川首钢毫无疑问成了行业领军企业。2007年，安川首钢轿车车桥焊接系统市场占有率达到60%以上，确立了公司在国内车桥焊接应用领域的强势地位。

在取得阶段性成功后，安川首钢并未停下发展的脚步，而是坚持研发，提升自身技术水平，向着更高的目标前进。安川首钢于2007年全面进入白车身自动化生产领域；2009年在机器人系统集成应用领域拓展方面取得突破性成效，在重型汽车底盘焊接领域开启了柔性夹具的应用模式；2010年，在汽车制造业等自动化产业拉动下，工业机器人应用市场增长迅速，安川首钢全年机器人订货超过1200台；2012年，开发出电动汽车机器人自动换电系统、双层封闭式汽车前后副车架机器人全自动焊接生产线、空间中厚板相贯线轨迹多层多道焊接机器人系统等9个新产品，获得5项国家实用新型专利；2013年自主开发的"输送装置""台车定位机构""转台防喷溅机构"等12项新技术获得国家实用新型专利授权……截至2023年，安川首钢每年均有新产品、新技术问世，这让其行业领军地位不断稳固，也让这只凤凰在浴火后，飞向了更广阔的天空。

2009年，安川首钢承接的全球最大的焊装机器人订单——白车身点焊生产线（企业提供）

自成立以来，安川首钢致力于中国工业机器人应用技术的发展，在提升中国制造业的自动化水平和生产效率上奋勇争先。现今所经营的MOTOMAN机器人被广泛应用在焊接、涂胶、打磨、切割、搬运、码垛、喷漆、科研及教学等领域。2021年，安川首钢销售收入增长23%，2022年经营业绩持续增长，令人为之赞叹。

宜业热土　吾心安处是亦庄

在北京经开区建设之初，初创者们沿宏达北路种下泡桐树，并寄予"栽上梧桐树，引来金凤凰"的美好愿景。30多年来，这些泡桐树枝繁叶茂，每年四月，一路撑起粉红色的花伞，吸引了众多企业在这里筑"巢"安家。

所谓"安家",心安之处才是家。安川首钢在展翅翱翔过程中,也曾多次遇到难题,除了依靠企业自身拼搏,也得益于北京经开区的支持和助力。

谈及北京经开区对企业的贴心服务与政策支持,曹利如数家珍:2020年,《北京经济技术开发区管理委员会关于鼓励减免中小微企业房租的若干措施》出台,帮助企业渡过难关;2023年,《北京经济技术开发区机器人产业高质量发展三年行动计划(2023—2025年)》出台,通过推进"机器人+"应用示范,完善机器人创新生态,进一步优化机器人产业资源配置,提升全产业链支撑,全方位推动机器人产业高质量发展。曹利表示:"这么多年过来,非常庆幸,我们的选择是正确的。北京经开区的温度、速度和力度都是我们发展中重要的助力。"曹利说,"亦庄新城,永远是新的",这种"新"为企业提供了永远向上的环境,也为安川首钢和一众企业扬帆远航送来东风。安川首钢作为北京经开区机器人产业头部企业之一,已与区内企业梅赛德斯奔驰、蓝星化工等达成合作,助力推动智能制造领域高质量发展。

(张啸天)

蓝星北化机——老国企焕发新生机

> 2006年,中国蓝星(集团)股份有限公司全资子公司蓝星(北京)化工机械有限公司成立,是中国唯一拥有自主知识产权,能自行设计、开发、制造离子膜电解槽,并能为用户提供成套离子膜烧碱装置和电解工艺技术与服务的专业公司。
>
> ——《北京志·北京经济技术开发区志》P151

蓝星（北京）化工机械有限公司（简称蓝星北化机）是中国中化控股有限责任公司旗下中国蓝星（集团）股份有限公司的全资子公司，其前身北京化工机械厂成立于1966年，原直属化学工业部。

公司伊始主要产品包含氯碱生产用的离子膜电解槽及配套设备、隔膜法金属阳极电解槽、非标压力容器以及化工机械设备等。随着北京城市发展需求的变化，为响应北京市制造业企业外迁号召，企业面临新的历史抉择——迁址。企业领导当时综合考虑了北京市周边的环境，在2006年，老牌国企北京化工机械厂将业务重组，重新注册的蓝星（北京）化工机械有限公司在北京经济技术开发区落户了。

立足经开区　实现企业转型

当时经开区政策优惠明确，并有力支撑产业发展，大型企业、跨国公司聚集，环境优越。蓝星北化机在经开区建厂，进入了新的征程。

蓝星北化机投入巨资打造新基地，但也面临诸多难题。从原场地迁移设备难度大、精细装备互联互通、原有设备陈旧，需按新标准进行改造、劳动力沟通成本高、客户服务转型等问题纷至沓来。当时经开区管委会各相关部门不仅在建设项目与就业场地提供全面的支持和指导，更是在人员引进、注册资格确立等关键环节，予以及时有力的帮助。这为蓝星北化机在经开区内发展打下坚实的基础，也极大提振了企业在经开区重大转型期间的信心。

2007年1月，蓝星北化机正式迁入经开区新基地，并投入生产运行。当时全球有十几家企业可以生产制造氯碱电解槽的装置，但是全球仅有日本、德国和中国的4家企业能够提供离子膜氯碱成套电解槽装置，而蓝星北化机是中国唯一一家可提供离子膜氯碱成套装置的企业。

企业在生产过程中发现一些关键的岗位需要无人化的操作，这样可以

2007年，蓝星北化机外景（企业提供）

减少人为操作带来的技术波动，于是企业考虑引进工业机器人。经与经开区管委会沟通，了解到区内首钢莫托曼机器人有限公司（现更名为安川首钢）从事机器人系统集成业务。通过管委会相关工作人员的穿针引线，蓝星北化机与首钢莫托曼公司建立联系并进行了合作，引入搬运机器人，生产线从原来的手工操作、数控机床，到由机器人实现完全无人化的操作，通过精准的技术交流与设备设置，首次实现了部分自动生产。这为产品质量和生产效率的提升带来重要影响，产品生产效率人均提高了60%，零件制造精度也有了大幅提升。

2007年，企业为了提升未来竞争力，需要引入高学历人才和技术专家。通过与北京化工大学、北京工业大学等高等学府和研究机构的紧密合作，蓝星北化机建立起了研发团队，积累了大量的专利和知识产权，在电解技术等关键领域取得了突破性进展。这些成就不仅提升了公司的市场竞争力，也为其长期发展奠定了坚实的基础。

在经开区管委会的产业政策助力下，蓝星北化机在科技研发、企业协同等方面得到了诸多的扶持。历经17年的发展，蓝星北化机已然成为一个从基础设计到详细设计再到制造安装，到最后的开车服务指导的专业化工程公司。

正是这些方方面面的激励（引进人才包括高端科研人员落户和提供公租房等，各类补贴奖项包括产值增长奖、研发费用同比增长奖励、首台套、稳岗补贴等），从2007年到2022年，蓝星北化机氯碱产品的国内市场占有率发展到34%，海外市场占有率发展到21%。在发展国内业务的同时，蓝星北化机也积极开拓海外市场，积极响应国家"一带一路"的政策要求，把握共建"一带一路"提供的发展机遇，实现企业全球化转型，取得丰硕成果。

在2014年蓝星北化机与捷克签订年产10万吨电解及配套氯气干燥、碱蒸发项目。作为公司首个签约的欧洲项目，既符合欧盟2025年前淘汰

2015年，蓝星北化机生产车间（田艳军摄）

水银法制碱的要求，同时也标志着蓝星北化机电解技术及工程化能力获得了欧洲市场的"入场券"。2020年孟加拉年产3万吨烧碱项目开车成功，标志着蓝星北化机已经具备建设海外"交钥匙"工程的总承包能力。同年10月签订的意大利年产2万吨亚氯酸钠项目是亚氯酸钠行业前所未有的整合和创新，是蓝星北化机由传统氯碱业务向下游业务拓展的一次重大尝试，被客户认定为迄今为止"最环保（零排放）、最节能的亚氯酸钠生产线"。同年签订的墨西哥年产16万吨烧碱装置，是蓝星北化机在美洲市场规模最大、范围最全的烧碱装置EPC总承包项目，对当地就业及经济发展均有重大的拉动作用。

2015年，蓝星北化机捷克项目进行中（田艳军摄）

助力"绿水青山" 深耕绿色低碳领域

蓝星北化机致力于"绿水青山"的建设，由单一装备制造商向节能技术与核心装备集成的科技型工程公司转型，依托多年的节能技术研发和节能项目改造基础，分别在传统氯碱领域、光热光伏发电领域以及生物质综合能源利用领域持续发出绿色的光和热。

企业在传统氯碱领域持续寻求更加节能节电的氯碱装备，累计向市场提供了2300万吨的离子膜电解槽装置，国内市场总占有率达34%。通过不断的技术革新，推出了新型电极产品，实现设备吨碱电耗减少26千瓦时，为客户提供了更加降本降耗的产品。2022年与印度A集团签订了200万吨/年绿色PVC综合体项目，一期77万吨/年烧碱工程EPCM总包合同。该项目是迄今为止全球最大的单体烧碱及PVC一体化项目，其PVC装置采用英国庄信万丰的最新黄金触媒绿色环保技术，对上游氯碱装置输出的产品质量有着严格的要求。蓝星北化机用扎实的执行力向减碳迈出了坚定的步伐，用硬核的项目一次次印证了自己绿色的实力与决心。

企业在光热光伏能源领域推出熔盐储能系统以及分布式光伏发电，以技术领先、填补国内空白、不受环境影响持续稳定输出电力等优势，成功参建14个熔盐储热发电项目，装机容量共计800兆瓦。其中，2016年签订的德令哈10兆瓦光热发电站是国内首家商业化熔盐储能电站项目，

2018年，蓝星北化机建设完成的青海德令哈50兆瓦光热项目（企业提供）

2018年底研发并建设的50兆瓦光热电站配套熔盐储能系统顺利运行，保证电站按计划完成并网发电，实现规模级熔盐储能系统的产业化应用，该项目为国家首批光热示范项目。同年，蓝星北化机完成国家示范项目——哈密项目。

2018年签订的迪拜950兆瓦光热光伏发电项目一期100兆瓦熔盐储能发电项目是世界上规模最大、技术最先进的塔式光热发电项目，也是"一带一路"重点工程。蓝星北化机所管理的北京蓝星节能投资管理有限公司（简称节能公司）的自有分布式光伏发电技术，在厂区建设了675千瓦分布式发电装置，年发电量60万千瓦时，每年可减少碳排放530吨。2021年，伴随着风光大基地配储、多能互补一体化政策的落地，蓝星北化机承揽了多个光热电站配套熔盐储能系统的设计及施工任务，为光热配储电站建设的顺利进行提供了强有力的保证。

2023年，蓝星北化机在熔盐储能领域的订单不断，持续深耕低碳领域。

2018年，蓝星北化机所管理的公司参建迪拜950兆瓦光热光伏发电项目（企业提供）

蓝星北化机攻克生物质资源再利用技术，为废弃林木找到新循环路径。将农林废弃物全部利用，变废为宝，生产出具有环保和经济效益的高附加值产品（生物炭、植物提取液、木燃气等），助力碳汇提升。截至2022年，从第一代技术发展到第三代技术，蓝星北化机提供的设备每年处理农林废弃物达54000吨，可生产生物炭16200吨/年、植物提取液16200吨/年、木燃气1620万立方米/年，碳汇量8.64万吨。

坚持"科学至上" 创新成果不断涌现

蓝星北化机坚持科技强企，持续建设产学研科技创新体系，不断探索攻坚，逐步形成了一条符合自身发展路径的科研创新道路。截至2023年底，蓝星北化机共获得授权专利157项，其中发明专利74项，获得省部级科技奖项8项。蓝星北化机利用自身的装备制造与核心工艺包优势，积极践行国家新能源战略，在"碳达峰碳中和"目标驱动下，以创新科技为驱动力，推进绿色低碳发展，不断壮大新能源产业，探索清洁低碳发展模式，为实现国家"双碳"目标和培育新支柱产业做出重要贡献。

蓝星北化机新业务与传统业务优势互补，利用传统压力容器制造优势，持续创新和延伸。攻克生物质综合利用工艺技术及装备开发、光热储能工艺技术及装备开发，并分别获得中关村首台（套）装备认定；攻克新能源领域的光热熔盐储能技术，填补国内技术空白；将氯碱工艺应用到大型电解水制氢装置，2022年已完成首套安装调试。以生物质综合利用和光热熔盐储能技术、新型节能电解工艺为主的新业务逐渐在绿色能源市场崭露头角，累计签订了13个项目。

蓝星北化机在不断提升氯碱设备产品在国内外市场份额的同时，着力提升工程化能力建设。从2008年取得工程总包资质到2022年，蓝星北化机累计向国内氯碱市场提供了约年产烧碱2100万吨的成套离子膜烧碱装置，向海外氯碱市场提供了约年产烧碱210万吨的成套离子膜烧碱装置，累计在21个国家建设26套烧碱装置项目。截至2022年，蓝星北化机的氯碱装置已占据全球近1/4的产能，比肩来自日本、德国的先进氯碱设备制造商，代表氯碱装备中国制造走向全球。

作为经开区一颗耀眼的国企之星，蓝星北化机的发展历程不仅仅是自身不懈追求和创新的结果，也是经开区优越营商环境和有力支持的体现。蓝星北化机是中国制造业现代化、国际化努力的生动写照，展现了一家企业如何在全球化的大潮中实现自身的快速成长，成为行业的引领者。

（侯素娟）

金风科技——在世界风电行业实现从"跟跑"到"领跑"的转型

> 2007年，金风科创研发的首批5台1.5兆瓦直驱永磁风电机组在新疆达坂城投入运行，风力发电机组国产化率达90%，公司直驱永磁风机走向市场，实现中国技术路线从传统到直驱永磁的过渡转型。
>
> ——《北京志·北京经济技术开发区志》P167

当人们漫步在北京亦庄（北京经济技术开发区）凉水河畔时，往往会被河边矗立的巨型白色"大风车"吸引目光。在绿色能源知识越来越普及的现代，很多人一眼就能认出：这是风力发电用的"风车"。

自2011年起，金风科技股份有限公司开始在北京亦庄园区竖立起这些巨大"风车"，中国风电事业也几乎在同一时间点，在世界风电行业实现了从"跟跑"到"领跑"的华丽转型。

金风科技从新疆达坂城的大漠戈壁开启中国风电求索之路，在企业更上一层楼的跃升阶段入驻北京经开区。双方携手10余年来，金风科技充分利用北京这一国际交流之窗的放大效应，科技创新不断进步、市场遍及全球，从当年数十人组成的攻关小组，一跃成为中国乃至全球的风电代表性企业。

跟跑———戈壁滩上的艰难探索

金风科技的故事，要从20世纪70年代末说起。

彼时，第二次石油危机导致世界范围内各国产生了不同程度的能源短缺问题，刚刚迈入改革开放发展之路的我国也不例外。为响应国家开发新型能源的号召，一大批50～100瓦的小型风力发电机在风能充沛的新疆地区得到了广泛应用，奠定了新疆风能应用的最初基础。1988年，丹麦政府开始与中国协商风电合作，新疆达坂城凭借优异的风资源环境吸引了丹麦政府的目光，双方迅速确认了合作意向，新疆风能公司（金风科技前身）在这一契机下应运而生。此时没有人能够想象，这家名不见经传的企业，将在未来成为中国乃至世界风电的一面旗帜。

在克服了经验缺乏、人员不足、气候条件恶劣、货期推迟、吊车吨位不足等建设过程中产生的种种困难后，新疆风能公司全体员工历经6个多

月艰苦努力,终于在1989年10月24日建成了当时亚洲最大的风电场——达坂城风力发电场,宣告风电场正式并网发电,投入使用。当时由于种种原因,风电场在并网发电初期将电价标准定得过低,导致电场每年电费收入微薄,甚至低于设备的折旧费用,这使得企业经营持续亏损,严重影响了风电场运营初期的发展。公司团队在困境之中并未自怨自艾,而是迎难而上,上下齐心,深入研究积累运维经验,在艰苦环境中培养出了一支精通风电场规划建设与运营维护的队伍。

为了应对资金持续亏损的经济困难,风电场想尽办法,开展多种经营方式来补贴企业运维费用。公司用拥有的75吨吊车对外承揽吊装业务,在离电厂不远的312国道边建起加油站……时任新疆风能公司的总经理说:"划小核算单位,盘活现有资产,能干什么就干什么,用'副业'来养'主业'。"与此同时,新疆风能公司全力攻关风电技术,不断取得科技创新突破,成功自主研发小型离网发电机。1993年,"中国新疆达坂城风电试验场"引进消化吸收项目获得年度水利部科技进步奖三等奖,公司主编的《风力发电实用技术》一书也正式出版。次年,新疆风能公司多年申请的电价调整方案获得通过,企业化管理深化改革也得以完成,终于完成扭亏为盈的目标。

经过数年的沉淀,新疆风能公司正式踏上"造中国人自己的风机"的国产化征程。1997年,新疆风能公司开展600千瓦风电机组国产化项目,这是中国风电国产化的一座里程碑。同年9月9日,由公司骨干技术精英与外聘技术顾问组成的600千瓦风机国产化攻关组正式成立;12月,从德国进口的两台套600千瓦风电机组全部运抵达坂城风电场,攻关组与各零部件供应商以此为"教材"开始昼夜学习研究,国产化攻关的实质性推进以此为时间节点正式启动。经过10年运营沉淀后的团队精通风电运维上的各个环节,达坂城风电场的"十年磨一剑"终于绽放光芒,风电国产化攻关速度快得令人惊讶:1998年6月16日,在攻关小组成立仅9个月后,国产化率达到33.4%的第一台国产600千瓦风电机组正式并网发电；同一天，基于攻关小组的新疆新风科工贸有限责任公司成立，负责专攻国产大型风电机组的研发。

在公司迈出大型风电机组国产化第一步后，不断优化技术、提升设备国产化率成了后续任务的重中之重。新疆新风科工贸有限责任公司针对风电场实际运行情况，总结出七大方面86个问题并进行相应改进，不断提高国产机

1998年，首批国产600千瓦风电机组在新疆达坂城风电场并网发电（企业提供）

组的运行稳定性与零部件国产率。待到1999年7月11日安装的第八台国产机组，其国产化率已经达到了78%，相比一年前的第一台机组已经翻了一番。同年12月，作为"九五"重点科技攻关项目的600千瓦国产大型风力发电机组通过专家验收，宣告风电国产化事业的初步探索取得了里程碑级别的成功。

并跑———自主创新不断取得突破

2001年，新疆新风科工贸有限责任公司正式改组成立新疆金风科技

股份有限公司。600千瓦国产化风力发电机组荣获国家科学技术进步二等奖，750千瓦项目研究也一帆风顺。公司市场化进程不断推进，除了新疆本地之外，也与甘肃、内蒙古、河北、山东、辽宁、广东等地签订了风电产业合作协议，金风科技的全国市场覆盖初具规模。

2003年，金风科技已经逐步成长为国内最大的风力发电设备研发和制造商。同年，金风科技成为彼时国际权威风电咨询机构丹麦BTM公司年度报告中唯一提到的中国风力发电机组制造企业，宣告中国风电行业开始在世界的舞台上崭露头角。

2005年，以金风科技为依托单位的全国风电行业唯一的国家级技术中心——国家风力发电工程技术研究中心正式组建。研究中心甫一成立，便承担了大量的科研任务，风力发电产业集成信息系统、风力发电机组解缆方法、1.2兆瓦变速恒频直接驱动型风力发电机组、1.5兆瓦直驱永磁风力发电机组研制等一项项重点科研攻关项目纷至沓来，金风科技在对国际一线脚步的追逐中不断加快了步伐。

2005年，国家风力发电工程技术研究中心正式组建（企业提供）

随着公司业务规模的不断扩大和市场需求变化，为了实现走向全国、走向世界的目标，在具有政策、交通、科技优势的北京建立研发生产营销基地成为金风科技发展历程中的重要战略决策。在这家风电龙头企业寻找新的战略基地之时，北京经开区管委会向其递送了橄榄枝。由于北京经开区的区位条件十分符合金风科技的合作需求，企业与经开区双方一拍即合。从双方接洽到工厂奠基，前后仅不到半年时间，可谓"兵贵神速"。金风科技成为北京经开区绿色新能源产业发展的风向标，也为这片热土带来了巨大的经济与社会效益。

2006年2月13日，金风科技在北京经开区康定街19号投资注册北京金风科创风电设备有限公司，并于当年6月30日正式投入运营，宣告双方持续至今的紧密合作从此启程。

金风科技在北京经开区的投资迅速收到了回报。2007年，由金风科技研发的首批5台1.5兆瓦直驱永磁风电机组在新疆达坂城投入运行。这批风电机组国产化率达到了历史性的90%，宣告中国风电技术经过一代人20余年的辛勤努力，终于达到了国际先进水平。从此开始，金风科技完成了从"跟跑"到"并跑"的转变。

领跑———"亦庄风"刮遍全球

在蓬勃发展的路上，金风科技屡创佳绩。2008年，河北张家口怀来县官厅风电场33台1.5兆瓦风力发电机组正式并网，成为彼时全球唯一一个"绿色奥运"风电配套工程；2012年12月5日，金风科技与北京经开区签署《出口风力发电设备质量发展战略规划合作备忘录》。在北京经开区的大力支持下，金风科技分别与巴基斯坦和埃塞俄比亚签订风电合作项目，将业务扩展到南亚与非洲，金风科技的业务就此遍布全球六大洲。2014年4月7日，金风科技全新超低风速机型GW115/2000首台样机实现并网，该机型是当时全球同功率级别风机中单位千瓦扫风面积最大、超低风速区

2008年，官厅风电场投入运行（企业提供）

域发电能力最强的机型。

金风科技在不断开拓海内外市场的同时，也因地制宜发挥新能源优势理念，助力北京经开区内的绿色建设。2019年3月6日，亦庄金风能源互联网项目在经开区凉水河畔组网完成，金风科技亦庄智慧园区实现绿色用能和智慧用能。2021年1月28日，金风科技亦庄智慧园区成为中国首个可再生能源"碳中和"智慧园区。

金风科技在国内外市场的成功离不开持续的科技创新，而科技研发更需要源源不断的创新人才。作为不断取得突破的破局者，金风科技对人才培育体系建设极为重视。2011年9月28日，国内风电设备制造行业首家企业大学——金风大学在北京经开区挂牌成立，在十几年间为整个中国风电领域培养了大量专业技术人员。与此同时，金风科技主动参与北京

2020 年,金风科技亦庄智慧园区(企业提供)

经开区大学生暑期实习生计划,为北京经开区高等教育提供了良好的实践平台。

与此同时,金风科技也积极参与到北京经开区社会事业当中。北京经开区社会事业局与工委宣传文化部联合在金风科技设立北京·亦庄文化(体育)活动基地,建立金风·社区青年汇,依托金风科技二期园区篮球馆、金风大学体育馆等设施全面开展经开区各项文体活动。金风大学体育馆不仅承办了经开区多届全民健身体育节、"和谐杯"乒乓球赛等重要体育赛事活动,还参与了国家体育锻炼标准测验,其游泳池、篮球场、羽毛球馆、乒乓球馆等场地也向市民公众定时免费开放,构成了经开区社会体育事业的一块重要拼图。2017 年 7 月 21 日,金风科技携手北京马拉松,将绿色能源事业与体育事业有机结合,打造了全国首个 100% 使用绿色电力的马拉松赛事。2019年9月3日，金风科技更进一步成立北京金风公益基金会，致力扶贫济困的社会慈善活动。2021年4月12日，金风科技智慧能源馆入围"北京·亦庄科技馆之城"项目，展馆内全面展示了中国及全球可再生能源行业的历史、现状和未来发展趋势，让参观者在数字化展项的交互中动态直观地了解金风科技在风电开发、装备、服务、应用领域的各类创新技术、产品和解决方案，多角度、多侧面汲取丰富的可再生能源行业知识。

2021年，金风科技智慧能源馆受颁"北京·亦庄科技馆"（企业提供）

当前，金风科技业务已遍及全球38个国家，全球员工超10000名，研发和技术人员超3000名。截至2023年第二季度，金风科技全球风电累计装机容量超105吉瓦，占全世界累计装机容量的11%，全球逾49000台运行风电机组已经推动了超500个零碳项目落地。

作为全球可信赖的清洁能源合作伙伴，金风科技从达坂城的戈壁荒滩白手起家，在无垠之风的指引中扬帆前行，领航着风电行业的世界标准。布满全球的风吹动着无数巨大的白色风车，而在风声之中，金风科技也必将帮助北京经开区乘风而起，助力完成科技新城、绿色新城的美好蓝图。

（陈知晖）

京运通——国家认证的光伏"小巨人"

> 2007年8月,东方科运在开发区注册成立子公司北京京运通硅材料设备有限公司(简称京运通硅材料),主要生产单晶硅片,注册资本6000万元。12月,东方科运更名为北京京运通科技有限公司(简称京运通)。
>
> 2009年,北京京运通科技股份有限公司迁入开发区,生产单晶硅生长炉、多晶硅铸锭炉等光伏生产重要装备,以及硅锭、硅棒、硅片等光伏产品。
>
> ——《北京志·北京经济技术开发区志》P169、P161

2023年，北京京运通科技股份有限公司（简称京运通）迎来了它的21岁生日，这也是它在经开区这片沃土上奋斗的第十六年。京运通拥有光伏行业最顶尖的设备制作技术、材料生产技术，以及各类子公司78家，仅在北京地区就拥有知识产权81项，并在多省设立了光伏电站、分布式电站、风电站。在《中国能源报》发布的2022年全球新能源企业500强中，京运通排行245位，是当之无愧的光伏"小巨人"。

独具慧眼　投身光伏装备生产之路

1997年，现京运通董事长兼总经理冯焕培还在从事不锈钢销售业务，他的工厂与北京日用化学二厂（605厂）建立在同一厂区。通过工作之余与605厂员工们交流，冯焕培了解到当时国内的光伏工厂设备大多依靠进口，即使在国家的补助支援下，购买这些进口设备对企业来说依然是一笔巨额支出，这让冯焕培嗅到了商机。自此，冯焕培开始研究生产单晶炉、多晶炉，走上了生产光伏装备的道路。由于工厂生产出来的产品相对于进口产品性能几乎没有区别，价格又更加便宜，很快就代替了国外的产品。尤其是铸锭炉，比国外的性能更加优异，更为迅速地打入市场，为京运通在未来占领市场打下坚实基础。

2002年，冯焕培在北京市西城区得胜科技园注册成立北京东方科运晶体技术有限公司（现北京京运通科技股份有限公司），主要进行光伏设备的生产制造，经营地选在工厂所在的通州张家湾，享受中关村园区高新企业政策。在政府政策、资金的支持下，京运通在西城区的发展非常迅速。截至2009年，京运通纳税已经达到2亿余元。

随着企业的发展壮大，西城区有限的发展空间在一定程度上限制了京运通工厂规模的扩大。京运通为进一步扩大生产不得已选择离开西城区，原厂房所在地通州区张家湾镇与经开区都是京运通新"家"的备选之地，最终经过审慎考虑，京运通选择了在政策扶持、发展空间和政务服务上更具优势的经开区。

创新为先　企业迈进新阶段

2007年8月，京运通成立子公司京运通硅材料设备有限公司，先一步入驻经开区。在企业建设的审批过程中，经开区通过简化审批流程等措施，使得京运通在2008年3月就将规划、环保、土地等一系列批文全部解决。在第一次工业用地审批中，经开区为京运通批下3.7万平方米土地用于厂房建设，便于企业扩大生产规模。2009年，京运通在经开区经海四路158号的新厂区竣工并投入使用，京运通正式入驻经开区（2008年10月，北京东方科运晶体技术有限公司整体改制，更名为北京京运通科技股份有限公司）。同年，京运通再次申请工业用地12.91万平方米用于厂房建设，进一步扩大企业生产规模，使京运通走上发展新阶段。

在国外的铸锭炉只能容纳200多千克的市场环境下，京运通不断寻求新的突破，初步设计的铸锭炉在2007年就已经可以容纳460千克，最终成品更是达到800千克，这将铸锭炉的标准在短时间内大幅拔高。单晶硅生长炉在国内市场保有量在2007—2009年连续3年居于行业首位。多晶硅铸锭炉在国内市场的市场份额仅次于美国GT公司，持续居于国内同行业企业的首位。2010年，京运通与北京晶体研究所共同开发650热压炉，着手研制大规格区熔单晶硅生长炉。开始研制JRDL-1040大尺寸单晶硅炉并完成装配，进行JRDL-1040工艺试验。同时，为了进一步完善现有技术，生产出更加优异的产品，京运通还建成一个中等规模的单晶炉和多晶炉试验线，用于检测设备存在的问题并不断完善，增强产品市场竞争力。

2011年9月，京运通成功在上海证券交易所上市。上市之后企业的发展并没有想象中的顺利，由于受到太阳能行业整体低迷的影响，导致业绩

2008年,京运通多晶硅铸锭炉装配车间(企业提供)

大幅下滑。但依靠经开区的帮助和自身强大的设计研发能力,成功承接了国家"02"专项,并取得了重大技术进展,获得了资金支持。

在"02"专项中,京运通凭借先进的技术经验,经过不断努力成功研制出国产大型区熔单晶硅炉并连续成功拉制出6英寸区熔单晶硅棒,这意味着京运通在区熔单晶硅炉研制项目取得了重大技术成果。这是国内应用国产设备成功实现6英寸区熔单晶的工艺生产;是国产半导体设备研制的重大突破,也是国产区熔设备的历史性时刻;是向大尺寸区熔单晶设备产业化迈进的重大一步,更预示着国产高端设备的崛起。2014年12月,京运通的技术团队再接再厉成功拉制出8英寸区熔单晶硅棒,又一次实现了技术上的突破。

2020年8月,京运通在硅片切片技术上取得了新的突破,成功自主研

2017年，京运通金刚线晶硅切片机 JQP-700（企业提供）

发了210毫米尺寸切片专机核心设备，以此实现了210毫米大尺寸硅片的生产全流程打通，这是京运通在光伏生产技术前沿进行的又一次勇敢尝试和探索，标志着京运通公司硅片生产技术已经迈上新台阶。

  自2007年6月20日发布的区熔单晶硅炉、软轴单晶硅炉、区熔单晶硅生长炉三项实用新型的发明专利以来，京运通一直保持着高度的研发热情，不断地针对光伏产业进行发明创造，"JZ-550/800定向凝固结晶法多晶硅铸锭炉产业化"项目更是被列入国家火炬计划。截至2022年，京运通北京地区已有发明专利、实用新型、外观设计共计81项，在行业内遥遥领先，市场占有率同样位居国内一线当中，是光伏产业内响当当的领头羊。

  京运通在研发过程中能够屡屡成功与公司领导对先进技术的追求分不开。京运通领导乐于切实参与到项目的实际研发中，冯焕培更是时常工作

2020年8月5日，京运通JD-1600型全自动单晶炉首棒12英寸晶体下线（田甜摄）

2022年，京运通JRJ-1200H3金刚石生长炉（孟庆华摄）

在一线研发当中。项目中经常可以看到冯焕培与工程师们在一起交流探讨，对于熔炉的构造更是比肩专业研究人员。在当时研制单晶炉时，冯焕培同样跟在现场陪同工作，以至于不了解冯焕培经历的人总会把冯焕培当成技术型干部。

除了领导对于技术研发的重视之外，引进优秀人才对企业在研发上取得的优异成绩也至关重要，而经开区良好的营商环境为京运通引进人才提供了很大助力。现京运通人力资源总监认为京运通立足于经开区，在人才引进上有着巨大的优势。"相比于公司成立早期，提及经开区很多人都表示不清楚、不了解的情况，现在招聘一说公司在经开区就会给人安心、靠谱的感觉。"京运通吸引人才的范围也从经开区周边地区逐渐扩展到全北京甚至是全国，大专以上学历的工人占比相对于早期也有着明显的提升。此外，经开区提供的公租房政策为企业用人、留人提供了帮助，现在企业做校园招聘时，可以申请公租房的条件吸引了更多人才的关注。在项目引进上，经开区同样帮助京运通对接专业对口高校，通过企业为高校提供条件，高校为企业提供理论支持的校企合作模式，使京运通在研发过程中不断解决"疑难杂症"，让企业的创新能力不断攀升。

正是因为有这样的带头人引领着京运通前行，有这样专业的人才团队，使得整个企业的技术研发水平一路高歌猛进。

扎根光伏　开拓绿色产业道路

在21年来企业走过的道路中，京运通也曾多次站在企业发展的十字路口。面临选择时，冯焕培说："既然做了光伏，我们就要扎根新能源和绿色环保产业，这样做好企业的同时，为国家做贡献。说白点就是利国、利民、利未来。"自此，京运通根据市场的变化，立足光伏产业开拓新的业务领域。除原有的光伏设备制造和新材料的业务外，又拓展了光伏电站建设、环保材料研发等光伏相关业务。

在"创造价值、分享价值"的企业核心思想影响下，京运通公司坚持在创造利益的同时将美好分享给更多的人。2009年，京运通凭借自身资金及技术优势入选了由财政部、科技部、国家能源局牵头发布的"金太阳示范工程"，在经开区部分企业新建的生产厂房屋顶上安装太阳能光伏发电组件，共建设1兆瓦屋顶光伏发电站，一定程度上解决了部分区内企业的生产用电问题，并为京运通取得了良好的收益。

"金太阳示范工程"后，京运通接连扩大光伏电站的建设规模，在经过气候、环境、政策等多方面的因素考察后，京运通选择了宁夏作为地面电站的最初建立之地，效益斐然。截至2023年，京运通已在宁夏、吉林、安徽、河北、贵州、江西和湖北7省建立地面电站且已经并网通电。此外，京运通也将在浙江、陕西、山东等地建立发电站，在促进企业发展的同时，更好地保证当地的生产生活用电。除地面电站外，京运通还建立了数量众多的分布式电站遍布各地。2014年9月，京运通在3个月时间内与嘉兴地区30余家企业达成一致，在企业屋顶共建立50兆瓦的屋顶电站。这部分电站采用了合同能源管理方式，对企业自用部分给予打折优惠，其余部分进行国家并网。截至2022年底，京运通的光伏电站（含地面电站和分布式电站）累计装机容量已达1208.47兆瓦。

2016年，京运通营维云中心（企业提供）

除了光伏发电站的建设之外，京运通在风力发电站的建立上同样取得了一些成绩，位于内蒙古固阳县的风力发电站已完成并网发电，截至2022年底，累计装机容量为148.50兆瓦。

不仅仅是新能源，京运通在环保材料的研发上也拥有了一定的成绩，2013年，京运通投资的山东天璨成功研制出了无毒催化剂。这种无毒脱硝催化剂适用于非电力行业的低温脱硝催化，在185～300℃的工况环境下有良好的脱硝效率。截至2023年，已经应用到徐州泰发特钢、鑫达钢铁、唐银钢铁等低温脱硝工程，覆盖烧结、焦化、玻璃、废液焚烧、特种水泥、耐火材料等行业。无毒脱硝催化剂具有适用温度范围宽、抗中毒能力强、失活后可再生、无二次污染等优点，可有效减少工业烟气中氮氧化物的排放，降低PM2.5数值，更好地改善空气质量，对治理大气污染意义重大。随着国家环保政策进一步落实和推进，市场对新型高效无毒脱硝催化剂的产品需求将呈现爆发式的增长，产品市场潜力巨大。

近年来，国家对具有专业化、精细化、特色化、新颖化发展特征的企业认证为"专精特新"，对于其中专注于细分市场、创新能力强、市场占有率高、掌握关键核心技术、质量效益俱优的排头兵企业授予了"专精特新'小巨人'"荣誉称号。京运通作为光伏行业的领头羊名列国家第三批专精特新"小巨人"企业名单中，正式成为被国家认证的光伏小巨人。从专攻光伏设备制造与加工的工厂，到如今的智造业光伏小巨人，京运通已经迈出了坚实的步伐。它将在北京经开区经海四路的土地上继续前进，乘着经开区这条大船披荆斩浪，让这个光伏小巨人成长为新能源行业的大巨人。

（张啸天）

诺赛基因——经开区首个国家级科研中心

1998年,科技部批准在北京诺赛基因组研究中心有限公司的基础上成立国家人类基因组北方研究中心(CHGB),北京诺赛基因组研究中心有限公司整合以北京为中心的科研院所、临床医院,以及在基因组学及相关领域的科学力量,建立了面积5000平方米的生物学研究实验室,涵盖基因组学、基因功能与药物开发以及临床遗传资源管理与应用等技术平台,提供基因组学科研服务和基因健康研究成果转化服务。

——《北京志·北京经济技术开发区志》P218

当今社会人们最关注的问题有哪些？医疗健康保障问题必然名列前茅。究其原因是当前世界医疗技术发展水平远远无法满足人类保障身体健康的医疗需求，人类对医疗技术的渴望使得生命科学领域饱受关注。20世纪90年代末，人类基因组研究已成为生命科学研究的热点，国际竞争十分激烈。为在生命科学领域的赛道上取得国际引领地位，诺赛基因组研究中心有限公司（简称诺赛基因）于1998年9月在北京经开区成立。同年10月，科技部批准在诺赛基因的基础上成立国家人类基因组北方研究中心（CHGB），参与"国际人类基因组计划"1%基因组测序任务，成为北京经开区首个国家级科研中心。

参与生命科学"登月计划"

国际人类基因组计划与曼哈顿原子弹计划、阿波罗登月计划并称为20世纪自然科学领域最伟大的三大工程。该计划由美国科学家于1985年率先提出，1990年正式启动，美国、英国、法国、德国、日本和中国科学家共同参与，预算高达30亿美元。计划目标是测定人类基因组30亿个碱基对序列，以期破译人类遗传信息，被誉为生命科学的"登月计划"。

1986年，中国开启"国家高技术研究发展计划"（简称"863"计划），并将包括生物技术在内的7个领域15个主题项目作为突破重点，以追赶世界先进水平。1992年，出于中国作为人口大国和农业大国的需求，中国在生命科学领域开始对基因组谱的研究，启动了"水稻基因组谱计划"。1996年，水稻基因测序成果的发布，证明了中国在当时就已拥有了独自完成基因测序任务的能力。中国以此加入国际人类基因组计划中，并承担其中1%的测序任务，成为参与国中唯一一个发展中国家。为更好地完成国际人类基因组计划，彰显国际竞争力，国科委于1998年10月在北京成立国家人类基因组北方研究中心（CHGB），在上海成立国家人类基因组南方研究中心（CHGC）。

相对于南方中心采用的事业单位模式，北方中心则在诺赛基因企业的基础上建立，采用了"一个单位，两套牌子"的形式，充分整合发挥技术优势、人才优势、资金优势和管理优势。在政府与研究中心的关系上，北方中心通过双方合作的方式取代上下级部门关系，用利益捆绑代替单纯的行政命令，以达到最好的资源整合形式的目的，让研究成果真正地走入市场环境当中，接受市场的检验，让能够真正解决人们需求的成果得以留存，带动国家生物技术的发展。

1999年，包括诺赛基因在内的三家单位（北方中心、南方中心、华大基因）正式开启国际人类基因组计划的测序工作，因中国区测序任务对人类整个基因组的实际贡献为1%左右，被称为"1%项目"。诺赛基因作为"国际人类基因组计划"中国区测序任务的承担者之一，独立承担了中国测序任务的20%。项目参与期间，诺赛基因研究人员充分发挥不怕苦不怕累的科研精神。研究室内计算数据写满了黑板，测试结果数据堆满了书桌，研究员们彻夜工作已成常态，安心睡一觉甚至成了一种奢望。在一年多的努力奋斗之下，诺赛基因在人类第三号染色体短臂末端的位置上共测定了3.84亿个碱基，将所负责的区域反复测定了12次以上，只求得到更完整更准确的数据。

2001年，人类基因组计划中国部分测序项目汇报及联合验收会在诺赛基因一楼学术报告厅召开，标志着中国成功提前两年的时间完成了国际人类基因组计划项目中承担的1%测序任务。诺赛基因所负责的部分也因其所有指标完美达到了国际人类基因组计划协作组对"完成图"的要求，国际同行更是将这部分染色体称为"北京区域"。

2003年4月，美国、英国、法国、德国、日本、中国等6国科学家联合宣布国际人类基因组计划完成，标志着国际人类基因组计划历时13年，比预定计划提前两年完成。自此，人类对基因组的研究迈上了新台阶。

2001年，人类基因组计划验收会（企业提供）

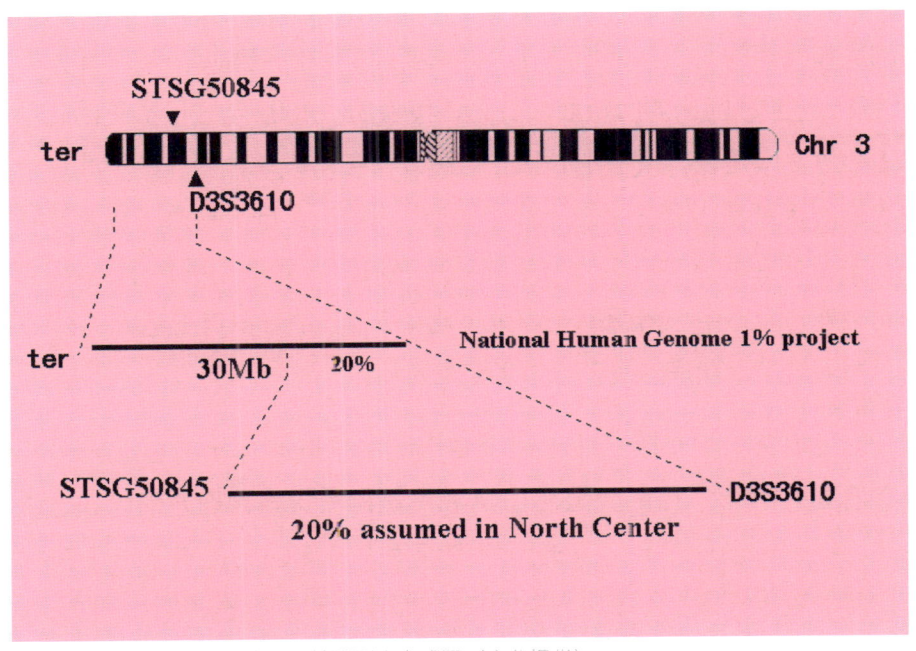

2002年，诺赛基因参与的1%基因测序完成图（企业提供）

诺赛基因顺利完成国际人类基因组计划对当时的经开区而言意义非凡，它标志着经开区内有能够完美承担世界顶尖课题的企业，证明了经开区有独立完成世界级科研任务的环境与能力，为经开区招商引资又一次扩大了影响力。

建立技术平台服务科研机构

国际人类基因组计划的完成，为生命科学领域，尤其是医药研发带来了新的曙光。全球各大制药公司及药物研发机构纷纷将药物研发的热点聚集于疾病相关功能的基因研究。传统的西药筛选成功率仅0.2‰，平均研发时间为12年。通过功能基因研究确定药物靶点，并进一步开发新药，大大提高了命中率，可大大缩短研发新药的时间。这一革命性的突破将为制药公司带来高额的利润回报。

诺赛基因作为身处制药领域上游研发阶段的生物高科技公司，为确保在生物医药研究领域中占据国际先进、国内主导的领先地位，助力加速生物制品和新药的研发，计划建立人类重要疾病遗传资源库（简称北方中心资源库），解决临床期间所面临重大遗传疾病。2002年，诺赛基因启动北方中心资源库建设，采用中心独立组织或与各科研单位合作的形式进行资源收集。诺赛基因就在全国十几个省市收集了1.2万份高血压患者及其家属的血液及组织样本，这为科学家寻找高血压致病基因提供了巨大助力。除此之外，北方中心资源库还收集了北京3500份55岁以上老人的DNA血样，为阿尔茨海默病的研究提供了宝贵资料。

时任国家人类基因组北方研究中心副主任陈彪博士曾在北方中心资源库建立之初说："目前我国在DNA和病例的收集与管理方面尚缺乏统一设计、组织和管理，新成立的遗传资源库为临床医生提供了一个技术平台，帮助有志于基因研究的医生收集、保存、研究这些资料。"北方中心资源库的建立是后基因组时代利用人类基因组计划成果开展疾病相关基因研究的重要基础性工作,采取"资源共建、资源共享、政府支持、开发利用"的原则,建立了国际规范化、管理科学化的人类重要遗传资源管理系统,其中包括对人类重要组织、血液、细胞和DNA等进行保存与管理的资源标本库、国际规范化的重要疾病临床资料库。同时,诺赛基因还建立了转化淋巴细胞永生培养细胞库;建成和完善了北京地区医疗系统人类遗传资源收集与管理的网络;建立"遗传资源信息网",增进信息交流及资源共享。

国际人类基因组计划启动伊始,建立一个具有大规模、高通量、自动化的测序技术平台便成了各国科研工作者和技术人员孜孜以求的理想。依靠优秀的专家和技术人员坚持不懈地工作,在20世纪末,这一理想成为现实。也正是各类规模不同的测序平台的建立,才使得人类基因组计划比

诺赛基因(国家人类基因组北方研究中心)外景(企业提供)

原计划提前两年完成。诺赛基因作为中国的参与单位之一，从初建时期的 ABI 377 型 DNA 测序仪，到更为先进的 ABI 3730 DNA 测序仪，诺赛基因在为人类基因组计划做出完满的工作的同时，一个大规模、高通量、半自动化的 DNA 测序技术平台成功建立并广泛应用。经过 25 年的发展，诺赛基因除了建立起中国人的遗传资源库外，整合以北京为中心的科研院所、临床医院以及在基因组学及相关领域的科学力量，建立了涵盖基因组学、基因功能与药物开发以及临床遗传资源管理与应用的 DNA 测序技术平台、生物信息技术平台、功能基因技术平台等七大技术平台，面向社会提供基因组学科研服务和基因健康研究成果转化服务。

科研创新引导企业进步

诺赛基因作为由中国科学院院士强伯勤、沈岩等知名专家以及中国医学科学院 / 中国协和医科大学、北京大学、中国科学院、军事医学科学院等单位共同组建的国家基因组研究基地，致力于建立自主创新的机制和模式。2001 年，北京经开区为解决区内企业在科研创新中人才培养的问题，经国家人事部、全国博士后管委会批准在经开区管委会设立博士后科研工作（总）站，诺赛基因等 5 家企业获批设立分站。建站企业与北京大学、清华大学、天津大学、中国医学科学院、军事医学科学院等高校、科研单位的博士后流动站紧密合作，以"官产学研"联合培养机制开展博士后研究工作，为经开区高新技术产业发展培养具有创新能力的高层次人才和学科带头人。

2001 年 12 月，军事医学科学院放射医学专业博士刘青杰进入诺赛基因博士后科研工作分站，开展"孤独症家族的染色体和相关基因分析"研究，成为进入经开区博士后科研工作站的第一位进站博士后。在站期间，刘青杰完成中国博士后基金委科学基金项目、国家"863"计划课题及北京市优秀人才培养专项经费资助项目等多个项目，并取得多项研究成果。

为了奖励为经开区发展做出突出贡献的人员及团队，为优秀创新人才脱颖而出创造条件，经开区于2002年设立博大贡献奖，诺赛基因总经理沈岩获首届博大贡献奖。沈岩院士出于对科研的热爱，毫不迟疑地将所获的"博大贡献奖"奖金全部捐出，设立"博大诺赛贡献奖"，进一步激发诺赛基因科研团队的积极性和科研活力。为了解决诺赛基因科研人员的后顾之忧，经开区协助解决了科研人员的职称、落户、住房等方面的问题，使这些科研人员能够全身心地投入科研工作中，取得了诺赛基因历史上一座又一座的里程碑。

25年的发展，诺赛基因授权发明专利近百项，在 *Nature*、*Science* 等世界一流杂志上发表论文160余篇，影响因子超过600。在完成国际人类基因组计划1%中国区测序任务后，诺赛基因又完成了若干项"863"和"973"重大项目，获得了两项国家自然科学二等奖，两项国家科技进步奖二等奖。作为经开区建立的首批企业博士后科研工作站，诺赛基因还为中国基因科技产业培养了300多名硕士和博士研究生，如今都已成为生命科学研究、生物医药科技产业的中坚力量。

同时，诺赛基因紧跟国家创新驱动发展战略，联合其他企业进行产品研发、畜牧业疾病普查和生物合成检验等方面合作。促进基因检测技术与企业所在行业相结合，为客户提供癌症遗传风险评估、软骨发育不全基因检测、遗传性肥胖风险评估等多项定制基因检测服务，带给病人专属于个人的治疗和用药方法。诺赛基因还长期深耕微生物领域与医疗相结合的工作，力求通过对微生物的研究结果解决在医疗过程中实际问题。

2023年，按照北京市科委的总体部署，诺赛基因大股东正式由北京医药健康科技发展中心划转至北京首都科技发展集团有限公司（简称首发展公司）。在首发展公司的支持下，诺赛基因投资建设了"基于基因组学

重大传染病智慧防控平台"，在此平台的基础上，诺赛基因获得了HIV全流程检测资质，包括病载、筛查和耐药检测。未来，诺赛基因将不断完善HBV、HCV、HPV检测能力，建设完善的传染病基因检测数据库和预警分析系统；面向重大科研、医疗需求以及医药创新、核心产业需求进行战略部署，整合资源促进基因检测检验服务、精准医疗、微生物领域和农业与食品领域的进一步发展。

25年前，诺赛基因为了完成国际人类基因组计划中国区1%的测序任务而建立，为北京的科研体制探索提供了重要实验依据。以诺赛基因为基础组建的国家人类基因组北方研究中心开创了中国基因组学研究的先河，是中国基因组科学研究的奠基者。距国际人类基因组计划完成已然过去了20余年，但它留下的成果始终造福着人类。诺赛基因同样坚守在人类健康的第一线，正如诺赛基因的标语"成就人类健康事业"一般，始终为人类健康贡献自己的一份力量。

（张啸天）

康龙化成——助力经开区"新药智造"产业高地发展

> 2006年,康龙化成(北京)新药技术有限公司迁入开发区,为全球制药企业、生物科技研发公司及科研院所提供跨越药物发现和药物开发两个阶段全流程一体化药物的研究、开发及生产CRMO解决方案。
>
> ——《北京志·北京经济技术开发区志》P219

新药物研发是一个复杂、长期的系统工程,一款药物的上市则要历时10年甚至更长的时间,斥资高达数十亿美元。研发产能不足和研发效率低下成为新药研究领域的普遍难题,新颖的药物研发及生产外包服务公司就此应运而生。位于北京经开区的康龙化成(北京)新药技术股份有限公司(简称康龙化成)就是一家领先的全流程一体化医药研发服务平台,致力于协助客户加速药物创新,提供从药物发现到药物开发的全流程一体化药物研究、开发及生产服务,其业务遍及全球。

康龙化成创业发展

康龙化成(北京)新药技术股份有限公司是经开区一家外商投资企业,于2004年由楼柏良、楼小强、郑北三位创始人联合创立。

楼柏良在中国科学院先后获化学硕士、博士学位。1990年,他在有机化学界泰斗——蒙特利尔大学教授史蒂芬·汉尼轩处做博士后研究工作。1994年,楼柏良结束博士后研究生涯,先后就职于美国加利福尼亚州、圣地亚哥等多家生物制药企业,从高级研究员一路做到化学和生物研究部主任。2002年,以参加学术会议为契机,他从美国回到了阔别12年的祖国。在看到国内日益完善的创业投资环境后,楼柏良决定投身祖国的发展建设中,回国创业。

在回国交流过程中,他了解到中国化学制药行业缺少自主研发专利。同时,由于当时国内缺少专业的新药研发机构,越来越多的化学专业人才在毕业后转行,造成国内化学人才的极大流失。楼柏良凭借多年以来在国外一流学府的技术积累与一流企业的工作经验,在第一时间就想到了创业的切入点:成立一家生物医药研发外包服务公司,在为国际医药巨头提供新药研发服务的过程中,培养中国的医药研发人才,把新药研发的全过程介绍到中国来。

2003年，楼柏良首先在美国注册成立了美国康龙化成新药技术有限公司（美国注册名称Pharmaron），公司以"帮助合作伙伴成功开发新药，为人类健康贡献康龙化成智慧"为宗旨，为全球制药及生物技术公司提供临床前的药物研发服务。2004年7月1日，康龙化成（北京）新药技术有限公司在北京市海淀区学清路11号注册成立，专注于小分子药物研发服务，构建了独特的药物研究、开发及生产CRO服务平台。

企业运转逐渐进入正轨后，楼柏良开始考察北京各区的发展状况和政策优势，为企业找寻更大的发展空间。他发现地处京城东南的经开区具有医药产业集聚、人才资源丰富、优惠政策众多等诸多优势。2005年8月，康龙化成迁入经开区汇龙森科技园内办公。2006年2月，康龙化成注册地址变更为经开区西环南路18号汇龙森B座。

入区短短几年内，在以楼柏良为首的创业团队带领下，企业已发展成为拥有约10万平方米符合国际药物研发标准的实验楼，建有完整的化合物合成、分离、分析检测、生物活性筛选、药物代谢动力学（DMPK）、药物安全性评估等一整套药物临床前研究体系的新药研发外包服务基地。截至2008年，康龙化成已经成为我国北方规模最大的新药研发外包服务企业，共租用1.6万平方米的实验室，分别设在经开区汇龙森科技园、国盛科技园和大兴区联东U谷生物医药科技园。

2010年3月，康龙化成在经开区河西区X27F1地块的科技园区奠基，园区规划面积为10万平方米。园区项目的开工，标志着康龙化成的发展进入一个崭新阶段。2011年4月，康龙化成占地面积逾5万平方米的新园区一期工程正式完工并投入使用，改变了原有实验楼过于分散所带来的工作不便，提高了公司整体工作效率。2012年5月，公司占地面积逾3.4万平方米的园区二期正式投入使用。康龙化成从汇龙森科技园整体迁入，公司实验环境从根本上得到了改善，设施更加齐全，进入了全面发展阶段。

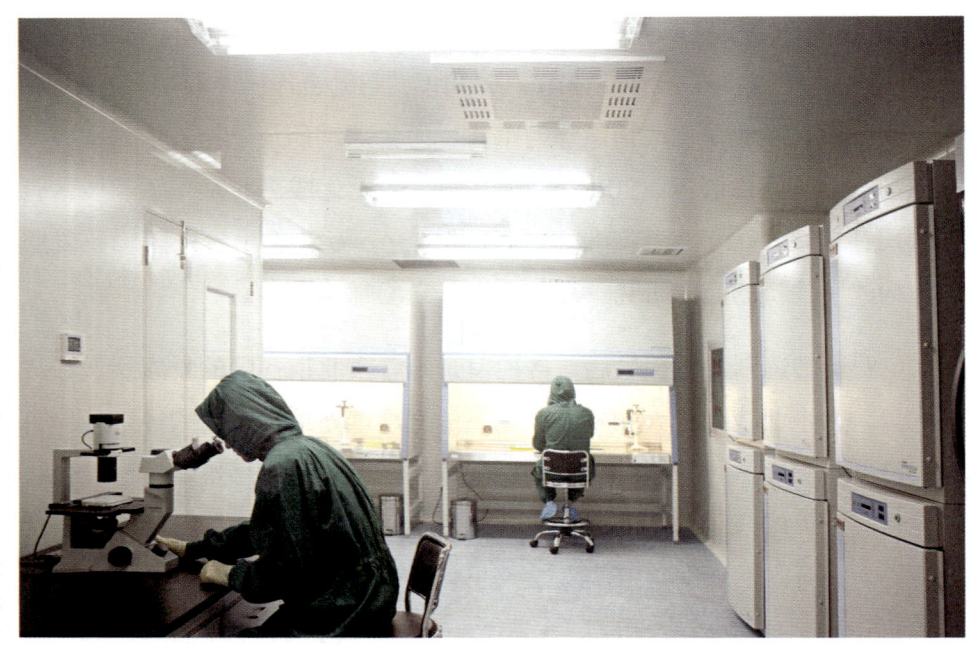

2009年，康龙化成实验室（滕劼摄）

2019年，康龙化成在深圳证券交易所挂牌上市（股票代码：300759），首次公开发行募集资金用于杭州湾生命科技产业园——生物医药研发服务基地建设。通过此次A股市场公开发行并在创业板上市，康龙化成借助资本市场的力量，进一步增强研发水平和科研容量。同年，公司在香港联交所主板挂牌上市（股票代码：03759），成为"A+H"挂牌医药企业。

在经开区管委会的支持下，康龙化成不断发展壮大。截至2023年，企业在中国北方（北京、天津）、西部（西安）、南部（宁波、绍兴、南京）地区均设有研发服务基地；基本完成国内战略部署的同时，在全球又先后收购了英国、美国多家相关优质企业，逐步完善国际化战略部署。

研发服务享有盛誉

作为中国第二大、全球前三大临床前药物研发服务供应商（CRO）之一，康龙化成承担了北京市、全国乃至全球医药创新成果转化和落地的重要任务，研发服务享誉全球。

初创时，康龙化成从药物化学合成开始，一步步建立综合性服务体系。企业接手的第一个项目是一个价值几万美元的复杂类型化学合成服务项目。为打造康龙化成的口碑，楼柏良带领几位技术骨干用心耕耘3个月，圆满完成服务项目。在客户拿到康龙化成线路设计严谨、化合物合成质量精纯的提交报告后，随即将更多业务交给了企业，并成为康龙化成的重要客户之一。

就是靠着精细与严谨，康龙化成在经开区逐步创出品牌。2005—2006年，在企业搬到经开区仅一年的时间里，康龙化成员工队伍已由刚成立时的80人壮大到330人。2007—2008年，企业业务量迅速增加，康龙化成加大了在人员及仪器设备方面的投入，并引进多名国际一流的药物研发专家。2008年，公司主要业务收入实现9300万元。随着康龙化成服务外包业务的增长，2009年企业服务外包业务总额达到2433万美元。同年12月，康龙化成宣布收购北京维通博际医药研发有限公司（简称维通博际）。虽然同属CRO领域，康龙化成以化学合成起家，维通博际则侧重毒理。借力收购，康龙化成业务范围从新药研发化学服务扩展到药物安全性评价服务业务、药品制剂研发服务等领域，成为"在美国食品药品监督管理局（FDA）和欧洲药品管理局（EMEA）备案的、提供从药物发现到临床前医药研发的CRO企业"和国内唯一一家能提供全链条服务的CRO企业。

2022年，康龙化成的医药研发服务平台为国内500家客户提供服务，在京客户达120余家；参与652个药物发现项目，为客户开展研究性新药（IND）或新药（NDA）的临床试验申报87个，其中多国（包括中国、美国和欧洲国家）同时申报的项目79个。

经过十余载的不断投入和优化整合，康龙化成的实验室服务和CMC（小分子CDMO）服务两个成熟平台在服务能力、产能规模和运营效率上持续提升；临床研究服务和大分子及细胞与基因治疗服务两个新平台的服务能力建设和整合已初步完成，并将逐步提升业务规模和运营效率。同时，公司的全流程一体化服务平台亦进一步加强国际化的建设，能为客户提供跨学科、跨区域和跨国界的协同服务方案，利用全球的科研人才网络，充分满足生物医药客户对地域的战略需要。

2014年，康龙化成公司外景（企业提供）

人才孵化先锋阵地

会集全球顶尖专业人才始终是康龙化成恒久不变的战略。多年来，康龙化成作为专业的新药研发机构，不仅为中国的化学新药研发开辟出一条新路，更为海内外有志于从事化学研究的人才提供一个充分展示个人才能和知识创新的舞台。

2008年，康龙化成董事长楼柏良获北京市政府颁发的突出贡献奖。从企业入区至2009年，经开区内医药企业康龙化成、神州细胞、旷博生物等通过"以才引才"方式引进海外高层次人才34人，其中康龙化成引入海归25人。截至2023年底，企业已会聚了151名海外归国科研人员，312名海内外博士。

康龙化成在引进海外高层次留学人才的同时，不忘培养国内人才。自2011年成立"康龙学院"，已为企业培养输出了108位博士班毕业生，92位硕士班毕业生。着力打造的康龙化成员工学术盛宴——"康龙化成学术研讨会/论坛"，为企业科研人员与学术界及工业界知名专家打造了零距离交流、共同探讨科技前沿问题的平台。此外，企业还在中科院上海有机所设立康龙化成博士后奖学金，专门用于鼓励优秀博士毕业生进入世界一流的实验室接受训练；在多个高校及科研院所设立康龙化成奖学金，表彰优秀本硕士生，鼓励他们走进更加广阔的生物医药行业；成立康龙化成奖学金和康龙化成讲座，支持优秀学生进一步接受一流的科研训练，鼓励有志青年投身生物医药事业。

如今，在康龙化成这家由中国人创建的生物医药服务类外资企业里，既有分布在英国和北美、亚洲等地区的员工，也有占比92.8%之多的来自中国的员工。其中，2人入选国家级人才计划、15人入选北京市海外高层次人才、21人入选经开区亦麒麟人才、96人入选经开区亦城优秀人才。一流的人才队伍和高质量的研发服务让康龙化成获得了业界的广泛认可，企业与北美、欧洲、日本和中国的各医药公司/机构保持着长期、稳固的合作关系。阿斯利康、默沙东、强生、拜耳集团、基因泰克（罗氏）和吉列德、葛兰素史克等多家著名跨国企业都是企业稳定客户。

立足于北京经开区这块投资创业的沃土，康龙化成眼光始终投向全国乃至世界。近年来，康龙化成在国内多地的基建类项目同时进行，企业在北京、青岛新增的面积超7万平方米的实验室和占地面积8.1万平方米的绍兴工厂一期工程已基本建设完成，自2022年开始陆续投入使用。浙江宁波一、二、三园区建设持续推动中，其中，占地面积近7万平方米的第

二园区一期项目作为公司大分子药物开发和生产服务基地，开始承接大分子GMP生产服务项目。西安园区10万余平方米的实验室亦开始动工建设，预计于2024年投入使用。同时，康龙化成宣告在海外收购位于英国克拉姆灵顿（Cramlington）的原料药商业化生产基地和位于美国考文垂（Coventry）的原料药商业化生产基地。

而在北京经开区，康龙化成于2022年12月开工建设的高端制剂开发及生产CDMO平台项目是符合国际国内多质量标准的自中试临床用药生产到商业化大规模生产的国际化大规模生产CDMO平台，预计于2024年底一期工程投入使用。相信未来，康龙化成将以创新服务和新药研发助力北京经开区"新药智造"产业高地发展，在强化经开区生物医药产业地位的同时为国内药物创新打下更为深厚的基础！

（周平）

阿尔特——中国的"麦格纳"一直在路上

> 2002年9月,公司前身北京精卫全能科技有限公司成立,主要从事汽车整车、汽车总成及零部件研发。2007年,以宣奇武为代表的公司核心团队人员接受红杉资本、金沙江创投、三井创投等公司投资,更名为阿尔特(中国)汽车技术有限公司,在开发区双羊路8号注册成立。
>
> ——《北京志·北京经济技术开发区志》P223

2007年,当汽车领域全球最大的供应商之一麦格纳的销售额达到百亿美元的时候,阿尔特(中国)汽车技术有限公司(简称阿尔特)刚刚在北京经开区成立,并把麦格纳当成自己追赶和超越的目标。

立足经开区,如鱼得水

阿尔特的前身是成立于2002年的北京精卫全能科技有限公司,2007年更名为阿尔特(中国)汽车技术有限公司,2012年完成股份制改革。企业的蓬勃发展离不开政策和环境的有力支持。2007年,阿尔特进入经开区时,在不同地方租用了5个厂房,这导致各个部门无法在一个地方集中办公。企业发展需要不断扩大租用场地,同时又要确保这些地点之间不能相隔太远。如果办公场地相距过远,沟通成本会急剧上升,效率也会受到影响。为了更好地支持企业发展,2018年11月,经过经开区管委会大力支持和相关部门重大项目专班调度,阿尔特汽车科技园从拍下土地、手续审批到正式开工,仅用了3个月时间完成相关流程审批,并开始了建设。对于快速成长的阿尔特来说,时间就是金钱,效率就是生命。政府部

2022年,阿尔特汽车科技园(经开区融媒体中心提供)

门精简审批流程、压缩审批期限、尽早让企业取得施工许可,对于任何一个开工的项目来说都是福音。历时3年多,2022年1月阿尔特汽车科技园竣工。

经开区良好的营商环境,使阿尔特如鱼得水,不断施展抱负。在这里会聚了阿尔特重要的供应链合作伙伴,如中国汽车技术中心、德尔福等关键零部件供应商,以及重要客户北汽、北京奔驰。上游和下游资源的支持,使得阿尔特能更有底气地一路前行。

做整车研发,出手不凡

全球最多元化的汽车配件供应商麦格纳国际公司,一直是阿尔特学习的对象,麦格纳公司的核心优势之一是全产业链的设计研发服务。麦格纳公司的成功,让阿尔特公司认识到整车研发是汽车开发的第一步,也是决定开发成功与否的关键因素。因此,阿尔特将整车研发视为核心能力建设的第一要务,并于2005年开始为奇瑞的整车平台做设计,当时主要依赖

2008年2月10日,阿尔特概念车(企业提供)

国外专家的支持。经过十几年的发展，阿尔特已经摆脱对国外专家的依赖，培养了研发团队，形成了自己的研发体系，并开展有平台研发、整车研发等业务板块。其中，平台研发是公司的一项重要工作。包括面向乘用车及商用车的平台研发、SOA架构和智能化关键软硬件研发，它可以大幅缩短汽车研发周期，提升零部件利用率，降低研发成本，增强市场竞争力。整车全新研发业务于2009年由传统的燃油汽车领域转向了新能源汽车。这不仅包括对原有的商品与生产技术规划、造型创意、工程可行性分析、工程设计、同步工程、投产支持、试制、试验等八大流程进行扩展，还涵盖了新能源汽车电驱系统、电控系统、电源系统、电子电气架构等核心模块的设计和研发。

截至2018年底，阿尔特已形成全球五大研发中心格局，包括中国北京和上海研发中心，以及意大利都灵、美国洛杉矶、日本东京研发中心。先后与60多家大型汽车整车生产企业和众多新兴汽车生产企业开展了广泛的业务合作。2020年阿尔特登陆A股创业板，成为中国首家上市的整车研发企业。

回溯阿尔特从最初的概念企划，帮助客户设计车的外形、内饰、外饰，到后来工程的可行性分析等，阿尔特依靠自己的专家队伍，以及经开区管委会良好的政策环境和高效的政务服务，逐渐建立了拥有最长产品研发产业链的核心竞争力，成为国内唯一覆盖整车研发全产业链的独立汽车设计公司。正是如此，研发业务也成为公司最重要的业绩贡献来源。

制造零部件，厚积薄发

在整车研发过程中，阿尔特发现对标对象麦格纳在不断通过自研与合资丰富其零部件品种，零部件业务为重要支撑业务。且在为客户提供研发产品服务过程中，阿尔特也发现一些核心零部件、高功率发动机等核心技术多是由国际汽车企业掌握，国内只有少数大型汽车制造商具备相关技术或产品，但也通常是用于内部供应，很少在市场上独立销售。此外，许多车型在商品定义阶段很完美，在研发过程中也验证了解决方案的可行性，但在市场上很难找能够满足设计期望的核心零部件的批量供应商。特别是在我国新能源汽车起步初期阶段更是如此，为了尽快推出车型，有时不得不妥协降低相应的配置。

2008年4月7日，阿尔特汽车设计生产车间（企业提供）

阿尔特作为多家汽车制造商的研发服务提供商，深切感受到汽车制造商对核心零部件的需求和市场供应之间的差距。与此同时，虽然汽车行业在经历变革，无论是燃油车、新能源汽车，还是智能汽车，动力系统相关核心零部件的生命周期较长，淘汰率都非常小，对于阿尔特来说是一个非常值得涉足的领域。

此外，阿尔特自身拥有核心动力总成技术基因。公司的创始人兼董事长宣奇武具备丰富的汽车技术背景，他毕业于清华大学汽车工程系，并在日本九州大学获得博士学位。曾在长春一汽技术中心工作，还在三菱汽车负责新技术和动力总成项目。其次，扩展零部件制造业务有助于满足客户对整车配置的需求。随着汽车设计公司的业务扩展，阿尔特能够提供更全面的设计解决方案，融入整车制造的零部件供应链，可增强客户与公司的黏性，从而提高公司设计能力的市场竞争力。

经过外部调研、内部能力评估，公司最终选择了高技术门槛、高市场需求、高持续性的动力系统领域，从V6发动机和新能源动力总成作为切入口，结合电驱动系统、离合器、减速器、控制器等核心部分，进军零部件制造业。

2014年，阿尔特在广西柳州建立了V6的发动机生产基地，专注于高端大排量发动机的自主研发、制造及销售。2016年，阿尔特在新三板挂牌并成立了四川阿尔特新能源有限公司，该子公司专注于新能源汽车核心零部件相关产品的研发制造业务。2018年，阿尔特开始为东风本田和广汽本田量产减速器。到2019年阿尔特的V6发动机开始为北汽BJ80进行量产供货。2022年阿尔特V6二代机点火成功，其第二代V6发动机产品采用一系列先进技术，可作为传统动力、新能源HEV/PHEV混合动力的驱动单元。适用于多种燃料类型，可满足国VI B RDE排放法规。V6的适应性优势，刚好是这两者之间的最佳平衡点，而深受市场的欢迎。凭借V6发动机的技术优势和品质保证，阿尔特成为国内首家将V6汽油发动机出口至国际市场的企业。

不仅如此，阿尔特还积极跟随汽车智能化的发展趋势，在滑板底盘、核心零部件的领域进行布局，探索新型盈利模式。滑板底盘，作为未来智能汽车发展的趋势，有望加速汽车研发周期，降低研发成本，同时也推动自动驾驶技术的发展。

阿尔特通过不断扩展其零部件制造业务，已成为我国独立汽车研发企业开展V6发动机、新能源汽车动力总成和混动系统等核心产品研发制造的领军者。

2010年4月,阿尔特汽车电动车"竹风"参加北京国际车展(企业提供)

投资和合作,勇进激流

从20世纪90年代开始,麦格纳在欧洲大规模地扩张,收购了一些欧洲的汽车系统供应商,通过并购开始进入"扩张盛宴"时期,成为汽车业界全球最大的供应商。有感于麦格纳的扩张策略,中国的麦格纳也开启属于自己的扩张"盛宴时期"。

2022年11月,阿尔特再次迈出重要一步,与全球动力电池领域的龙头企业宁德时代新能源科技股份有限公司在滑板式底盘技术上具有独特优势的深圳壁虎新能源汽车科技有限公司签署《战略合作框架协议》。合作的目的不仅在于充分发挥各方技术和资源优势,更是实现合作共赢,建立起一个强大的产业生态联盟。通过这样的合作,阿尔特将新能源汽车技术、智能化、数字化、生态化等多个领域有机结合,为未来的汽车出行提供更多可能性。

同年，阿尔特还在数字科技领域进行了战略布局。投资了阿尔特（北京）汽车数字科技有限公司，拓宽了经营范围，为公司的可持续发展奠定了坚实基础。此外，阿尔特还与日本企业Yamato合作，投入材料领域。这一系列战略举措使得阿尔特更具竞争力，也为用户提供了更高水平的汽车产品和服务，为阿尔特提供了更多的机会。

到2022年底，阿尔特已经成功为80多家客户研发了近400款车型项目。在经开区的支持下，首个国家级新能源汽车技术创新中心成立，阿尔特成为联合共建方中唯一的独立汽车设计公司，也成了亚洲最大的汽车设计龙头。

随着中国经济的迅速崛起，消费者对汽车的需求迅速增长。阿尔特抓住这个最佳时机，在这个巨大的市场中蓬勃发展，不仅仅成为汽车行业的一部分，更成为中国汽车制造业的重要代表之一，跻身于世界的汽车行业之中。如今，阿尔特正在从行业"跟随者"向行业"领先者"迈进，并率先将"技术＋供应链"出海，AI赋能汽车业态作为公司核心战略进行推动。不久的将来，一个由中国人自主打造的汽车产业巨头将在全球市场上初露锋芒。

（侯素娟）

资生堂丽源——创下多个第一的外商投资企业

1993年，资生堂丽源化妆品有限公司率先在自建厂区安装污水处理设施，建立占地166平方米的污水处理场，采用活性污泥污水处理法处理生产废水，保证排出水质标准。

1997年7月，资生堂丽源化妆品有限公司工会代表职工与企业签订集体合同，成为开发区第一家签订集体合同的外商投资企业。

——《北京志·北京经济技术开发区志》P108、P380

亦庄线万源街地铁站往东路北,可看到一处白色建筑,它就是经开区成立初期首个入区企业——大名鼎鼎的资生堂丽源化妆品有限公司(简称资生堂丽源)厂址。

2023年,资生堂丽源公司外景(企业提供)

立足亦庄　汲取沃土"养分"

20世纪80年代,日本资生堂是享誉全球的化妆品巨头。当时,北京丽源公司只是传统的日化公司,双方合作引进日本资生堂的技术在国内生产自有品牌华姿系列化妆品和美容产品等。随着技术合作的推进,双方决定要创建一家合资企业。1991年资生堂丽源化妆品有限公司在经开区成立,以此将双方的资本及资源融合,使合作更加紧密,生产出高知名度、高质量的化妆品,来适应中国市场和国际市场的需求。

选址成为资生堂丽源成立阶段首要考虑的问题。首先,水质问题需引起高度重视,因为化妆品的制造对水质要求严格,水中的杂质浓度过高将直接影响产品的质量。经过反复考察,最终选择了经开区,因其水质较符合要求。其次,交通便捷亦是考量要素之一。作为一家制造企业,资生堂丽源需要高效的进出货物和产品流通通道。经开区的地理交通位置显然具有优势,可为公司的发展提供更便捷的物流条件。最为重要的是经开区管理体制的特殊性,更加注重为企业提供全方位的服务,将企业的需求置于首位。而这也是资生堂丽源选择经开区的关键原因。

1992年7月,资生堂丽源将要举行公司的开业仪式和厂房竣工典礼,参加人员不仅有政府工作人员,还有国际友人。但对于资生堂丽源一个生产性的工厂企业来说,这类大规模仪式并不常见,要独立完成这些工作是巨大挑战。此时,经开区伸出了援助之手,为公司提供了全方位的服务支持,其中包括来宾名单的安排以及各种活动的策划与组织,确保了开业仪式的顺利举行。

资生堂丽源入驻经开区后,为扩大产能一共进行了两期建设。1998

1993年,资生堂丽源公司外景(企业提供)

年,在公司进行了第二期建设时,需要整体扩产,但在寻找施工队伍等方面缺乏专业人才。当时由于日方推荐了一家建筑公司来进行建设,公司本身并非建设单位,对相关事务了解不多,因此需要管委会和专业部门的支持。当时经开区出面处理各种事务,为公司提供了大量资源和协助,使公司的扩产能够顺利进行。

在过去的30多年中,经开区为资生堂丽源公司发展的支持证明选址经开区是明智的决策。这些年来,经开区在基础设施建设、产业链升级、产品上市等方面持续提供全方位的服务保障。使企业能够全身心地投入生产研发中,保证充足优质的产品供应,更好地服务中国市场。

探索经营　树立行业新标杆

资生堂丽源的市场起步,源自其销售中心——花之友销售中心的成立和成功。1996年,为了探索市场,公司决定把资生堂的进口品牌从日本引进来销售,希望通过该品牌的销售了解未来产品开发的方向。然而,公司早期的探索遇到了相关政策的不匹配问题。根据工商部门的规定,合资企业仅允许销售自家生产的产品,如果允许合资企业销售进口品牌,会对国内市场和国内企业产生负面影响。如何在遵守法规的前提下,实现市场探索的目标?为了解决这个难题,公司不懈寻求解决方案。最终,资生堂丽源公司决定以企业内工会为依托成立销售公司。工会作为国内的社团组织,成了成立销售公司的支持依据。经过经开区相关部门的协助,与市商贸委、外资委、国家外经贸部积极沟通,最终获得了特批,成立了"花之友化妆品销售中心",直接销售进口产品,打破了合资企业只能销售自产产品的限制,为市场探索提供了合法渠道。

然而,另外一个让资生堂丽源公司在市场上立足并成功的原因是多年来"欧珀莱"秉承"高品质、高形象、高服务"的理念。在市场销售领域,高品质一直是公司内部生产的核心使命。产品质量不仅仅要符合我国国家标准，还要符合日本资生堂的标准，因此产品在国内是高质量的。其次采用国际通用的GMP管理方式，重点强调对质量的责任承担，在公司内部形成对产品质量层层把关，人人把关。对生产所用原料由日本资生堂确定质量标准，并进行合资公司双重检验，不符合标准的坚决不投产，质量的保障成了生产部门的首要职责。

只有创造自身的完美，才能成功地美化顾客。为了树立产品的高形象，资生堂丽源首先要做到产品设计定位高、对目标消费者定位要求高，销售产品选店的档次高，要在大城市的高档商店、大型商场售卖。其次为了确保服务的高标准，公司在全国范围内举办美容讲座，向消费者传授如何使用"欧珀莱"产品。为进一步提升公司在市场上的高服务形象，每个柜台都由公司制作，确保一致的形象、广告和标准，展现了公司对高形象的坚守。

高服务则超越了单纯的销售行为。公司并不仅仅提供产品，还通过专业培训过的销售柜台人员，即所谓的美容顾问（BC），向顾客提供产品使用的专业指导。以教育和指导的方式，帮助顾客了解如何充分利用产品，不是单纯的购买交易。这为消费者提供了更深入的体验，帮助他们充分理解产品的价值。其次成立了"花之友"俱乐部，通过电话、明信片等形式定期与会员保持联系。还建立美容中心，对"欧珀莱"产品的消费者和目标客户提供免费服务，来得到更多消费者对"欧珀莱"产品的认识和喜爱。

公司的专业形象和高品质服务进一步推动了产品的传播，迅速提高了销售额，连续三年荣获全国市场同类产品销售额第一名的成绩。随着中国消费者的收入增加，对高品质化妆品的需求也逐渐增加，为产品的迅速扩张提供了机会。公司坚守"三高"理念，引领了化妆品市场，树立了新的行业标杆。

2019年，资生堂丽源化妆品有限公司凭借旗下"欧珀莱"品牌化妆品

资生堂———臻源新肌系列（企业提供）

在产品和服务质量方面的优异表现，获得"全国质量检验稳定合格产品"和"全国产品和服务质量诚信示范企业"两项殊荣。这正是对"欧珀莱"一贯秉承"高品质、高形象、高服务"的品牌理念的最好诠释和认可。

环保节能　承担社会责任

资生堂丽源注重环保，为维护区域生态平衡做出了努力。资生堂丽源在1998年建立了污水处理设施，是北京经济技术开发区最早自行建设污水处理设施的公司。该设施于1999年9月投入使用，其后，又于2004年和2013年多次进行扩容改造，先后增设了中间槽、应急槽、污泥半自动装袋设备，大幅提高污水处理系统的保障能力。

资生堂丽源多年来坚持节能减排理念，在2007年引入太阳能路灯系统，自2010年起，对界区内照明系统导入节能LED灯，改造恒温库、采暖系统、空调系统等，并利用一体化污水处理设备（MBR）膜系统处理生活污水，转换为中水，二次利用于厂区绿化，年节水量约1000吨。

近几年，资生堂丽源动力栋屋顶安装太阳能集热系统，总计节约蒸汽334吨，减少碳排放114.56吨；2019年，对工厂办公室进行改造，增设自然光照明系统，总计节省电力0.18万千瓦时，减少碳排放1.44吨；2020年，安装三期屋顶太阳能发电系统和一期屋顶太阳能集热系统，全年合计节省蒸汽334吨，节省电力15.8万千瓦时，减少碳排放240.88吨。

2022年，资生堂丽源补充装生产线（企业提供）

在经开区2023年节能宣传周和低碳日启动会上，资生堂丽源化妆品有限公司又喜获碳中和认证证书。从化妆品业界率先通过了ISO 14001环境管理体系认证，到导入产品替换装、使用环保纸，再到工厂设施的节能

改造、厂区屋顶光伏项目等一系列举措，资生堂丽源不断通过削减碳排放总量，提升新能源利用量。

　　从资生堂丽源30多年的发展史看去，不仅仅是一家企业的兴盛，更是区域发展的缩影。好的企业离不开沃土的滋养，资生堂丽源借助经开区良好的基础设施和营商环境得以快速成长，将继续深耕美妆领域与经开区携手迈入下一个30年。

（侯素娟）

可口可乐——在经开区的创新发展之路

> 2007年,北京可口可乐公司成立10周年,专门定做一尊后母戊鼎,鼎的正面手工从内部刻上"世纪激情、活力永恒"8个字,象征这个已经拥有100多年历史的企业将永远充满朝气与活力。
>
> ——《北京志·北京经济技术开发区志》P201

中粮可口可乐成立10周年纪念鼎（企业提供）

2023年11月2日，中粮可口可乐（北京）博物馆正式挂牌"北京地区类博物馆"，成为北京经济技术开发区（北京亦庄）首家也是唯一一家"类博物馆"。该博物馆不仅为"北京·亦庄科技馆之城"建设注入了强劲动能，同时也见证了"可口可乐集团中国大陆北京分工厂"到"中粮可口可乐北京厂"的蜕变。

可口可乐归来　产线落北京

在许多国人的印象当中，可口可乐是改革开放之后才大举进入大陆市场的新潮商品。而事实上，可口可乐与中国的结缘早已有将近百年。

早在1927年，美国饮料"Coca-Cola"便进入中国，并在国学大师蒋彝的建议下使用了"可口可乐"这一如今家喻户晓的译名。1948年，上海成为可口可乐在美国之外首个销量超百万标箱的城市。1949年新中国成立后，可口可乐退出中国大陆，与庞大的中国市场暂时告别。而随着世界局势的变动，可口可乐公司察觉到了重返大陆市场的机会，并在1972

年开始了谋篇布局。1976年,时任可口可乐公司总裁的马丁找到中国驻美联络处,多次邀请联络处工作人员参观位于佐治亚州亚特兰大的公司总部与生产工厂,展示企业的良好形象与商业价值。1977年,马丁寻觅到访问北京的机会,"追到中国"亲自洽谈贸易合作。马丁的坚持得到了回报,可口可乐公司于次年获批与中粮进出口总公司开展实质性谈判。1978年12月13日,可口可乐公司与中粮进出口总公司正式敲定合作协议。仅三天后,《中美建交公报》昭告天下,宣告两国关系破冰。可口可乐抓住了这最合适的良机,重返中国大陆。

在可口可乐公司与中粮进出口总公司签订的协议中有这样一条规定:公司将在中国大陆建立一条碳酸饮料灌装生产线,由中方免费使用10年,10年后转为合资企业;中粮负责在中国大陆主持生产厂房选址工作。

中粮下属北京分公司力排众议接过了这件差事。为了方便生产管理,北京分公司将五里店工厂一间位置条件适宜的烤鸭厂房改建为可口可乐生产工厂,这间原先生产北京特产烤鸭的工厂摇身一变,开始生产"洋饮料"了。

可口可乐公司提供的不仅仅是一条完整的工业化生产流水线,也有为保证生产水质而附带的、当时世界上最先进的反渗透水净化系统等一系列高科技设备。为了进行设备调试运行、培训员工熟悉生产线流程,可口可乐公司先后向北京派遣了180多名专家和技术人员,"手把手"地教会了中国工厂如何使用和维护生产线设备。

1980年4月18日,第一批中国大陆自主生产的可口可乐终于在北京五里店成功下线。工人们纷纷撬开瓶盖将可乐一饮而尽,成为第一批饮下国产"洋饮料"的人。1986年10月英国女王伊丽莎白二世首次访华行程完成后,中央电视台决定引进英国广播公司BBC拍摄的女王访华纪录片。可口可乐闻讯,立即拿出20万美元作为引进纪录片的赞助费,中央电视台则按约定在纪录片播放的前后插入可口可乐广告。广告播出之后大获成功，可口可乐饮料自此走进了中国大陆的大街小巷。

合资企业转型　创新在亦庄

随着免费运营10年之期的结束，北京可口可乐生产线按约定注册成立为合资公司。1992年6月，由中粮进出口总公司、中粮下属北京分公司与香港嘉里公司合资的北京可口可乐饮料有限公司正式成立。五里店工厂的供水、供电条件已经远远无法满足可口可乐的扩张需求，公司随即启动了新厂房的选址工作。

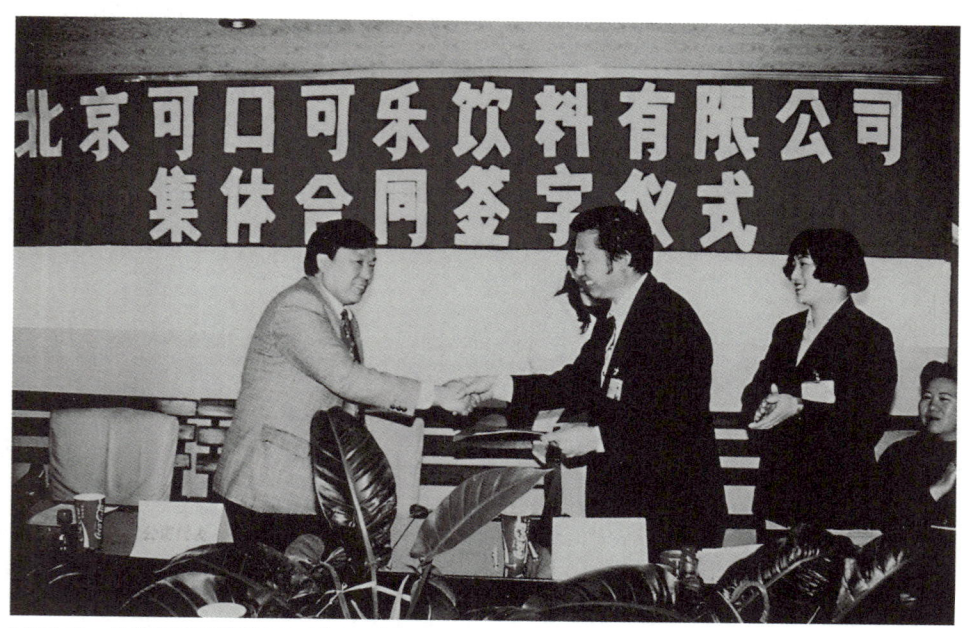

1992年，北京可口可乐饮料有限公司集体合同签字仪式（企业提供）

经过反复的考察与磋商，北京可口可乐公司选定了环境条件良好、交通运输便利、拥有饮料生产所需充足水资源的北京经开区。1997年2月，斥资4300万美元兴建的北京可口可乐灌装工厂新厂在北京经开区破土动工。1998年2月16日，位于北京经开区的北京可口可乐灌装工厂正式启用，占地面积为7万平方米、建筑面积为5.7万平方米，是老厂房建筑面积的2.85倍，拥有三条堪称世界先进的灌装生产线，是华北地区最大规模的饮料装瓶厂。

1999年，北京可口可乐在经开区正式投入生产（企业提供）

工程师团队中的许多人或是在五里店工厂刚刚启动时便就职、由美国技术专家手把手教出来的，或是工厂启用后以高标准招聘而来的。经过10年合作期间的充分锻炼，他们普遍深谙生产流水线上的工作原理和许多细节，具有充足饱满的工作热情与改进技术的科研攻关精神。在他们的帮助下，北京可口可乐积极创新、图强求变，力求减少对美国总公司的依赖，实现生产技术的独立自主。

2000年4月14日，中粮成立了全球第一家由中资控股的可口可乐装瓶集团——中粮可口可乐饮料。2008年12月31日，位于北京经开区的北京可口可乐饮料有限公司正式加入中粮可口可乐大家庭，并更名为中粮可口可乐饮料（北京）有限公司（简称中粮可口可乐北京厂）。股东为中粮可口可乐饮料（中国）投资有限公司（占75%股份）、北京北粮国际经贸有限公司（占25%股份）。至此，中粮可口可乐饮料（北京）有限公司正

式从合资企业变为一家国有企业。

2013年,中粮可口可乐北京厂为降低生产成本,计划将原先的206号易拉罐盖(2.375英寸)更换为202号易拉罐盖(2.125英寸)。中粮可口可乐北京厂与外商洽谈合作,但新型号易拉罐灌装机专利价格高昂,一台的价格开到100万元。为此,在灌装工厂工作了20年的资深工程师张寿君选择亲自研发改进方案。他带领徒弟加班加点,依照自己对装罐机长期维护积累的经验,成功改装出了适配202号易拉罐的全套灌装系统。由他牵头自主改进的这套系统,每套改装成本仅为1万元左右。新的机器不仅适配可口可乐的灌装,也可举一反三,运用到啤酒等其他饮品类灌装机上。当时,张寿君自豪地说:"我的这项改造,是全国第一个做到的。其他饮料厂家做改装,包括啤酒生产,都是找外商改的,唯独中粮可口可乐北京厂是我们自己改的。"

随后,中粮可口可乐北京厂又在北京经开区研发出了碳酸饮料常温灌注技术,并将其运用到生产之中,免去了饮料灌装中先降温再升温的复杂步骤,大幅降低了生产过程中的能源使用与碳排放,进一步降低了企业生产成本。随后,中粮可口可乐北京厂将这一技术推广向全国,使得我国碳酸饮料灌注技术产生了集体飞跃,带动整个行业走上新台阶。

在工程师团队的呕心沥血下,中粮可口可乐北京厂的绝大部分生产设备都完成了自主维护、自主升级,不仅免去了向外商支付的高额专利费用,还减少了停机等待支援的时间,大大提高了流水线生产效率。此外,中粮可口可乐北京厂依托北京经开区优秀的环境条件和充分的政策支持开始了迅猛发展。

营销立足本土　品牌声量持续放大

除了提高生产效率,来到北京经开区的可口可乐也在市场营销方面下足了功夫。2000年5月,北京可口可乐在京城24辆单层、双层公交车上打上广告,"可口可乐"与"芬达"的宣传标语被印在车身上穿过北京的主要干道。同年9月,北京可口可乐向日本三洋公司订购了5台自动售卖机投入市场,进一步提升市场知名度。此外,可口可乐还延续了企业在全球范围内的体育营销战略,迅速冠名了北京历史悠久的青少年足球赛事"百队杯"、赞助全国大学生足球联赛等,与中国足协签订合作赞助协议,乘着中国男子足球队首次打入世界杯决赛圈的东风打响了自己的知名度;公司积极参与2008年北京奥运会营销活动,分别趁着申奥成功和奥运会吉祥物公布两次营销窗口推出申奥成功限量金罐、福娃吉祥物纪念金罐,更进一步签订官方合作协议,成为2008年北京奥运会饮料产品唯一供应商。

北京可口可乐推出奥运金罐(企业提供)

在转型为国有企业后,中粮可口可乐北京厂在2022年继续作为官方合作伙伴为北京冬奥会和冬残奥会提供产品支持,顺利完成了冬奥保障工作。

营销做到位了,产品开发也不能落后。中粮可口可乐北京厂在北京经

开区开足马力加强新产品研发,开发出了一系列更加适合国人口味的新产品。以少年儿童为主力消费群体推出酷儿,针对国人茶果饮料偏好推出淳茶舍、美汁源果粒橙等一系列本土化品牌,在消费者群体之间大获成功。2010年,可口可乐、雪碧、芬达等碳酸饮料已经占据北京汽水类市场70%份额,果汁饮料与茶饮料的市场占有率也居前三,北京可口可乐的成功依然有目共睹。

从一家烤鸭工厂改装的工厂起步,如今的可口可乐已在中国大陆建成20家装瓶厂,经营19个省级市场。历经40余年的沉淀变迁,中粮可口可乐北京厂已成为可口可乐在中国大陆生产、销售、研发与企业文化记录的代表。

把时光拨回1980年4月18日,第一批中国大陆自主生产的可口可乐刚刚在北京五里店成功下线;到了十几年后的1997年2月,斥资4300万美元兴建的北京可口可乐灌装工厂新厂在北京经开区破土动工;1998年2月16日,北京经开区北京可口可乐灌装工厂正式启用……经过40多年的发展,中粮可口可乐北京厂在生产工艺上摸索出了自己的道路、在生产设备上完成了本地化维护升级、在市场营销上找准了区域痛点、在销售推广上追求本土化改进。除了配方浓缩液,中粮可口可乐北京厂几乎在所有环节都完成了自主化。褐色的碳酸汽水不再是"可口可乐"唯一的象征,无数更加贴近中国人口味的茶果饮料走出北京亦庄,在中国大陆这片广阔市场上开枝散叶。

坚持党建引领　忠于国计良于民生

2005年,中粮可口可乐北京厂在北京经开区建立了可口可乐展览馆,可口可乐进入中国的笔记文件、影像资料,甚至最初引进的三洋自动售卖机、进入北京经开区生产的第一批可口可乐实物都赫然在列,向每一位参观者展示着可口可乐的历史与文化传承。该展览馆结合全面开放参观服务的6条生产线，成为"北京·亦庄科技馆之城"建设体系的重要组成部分。2022年，中粮可口可乐北京厂获评北京经开区唯一一家北京市工业旅游示范点；2023年，挂牌"北京地区类博物馆"。

优秀的产品与营销是中粮可口可乐北京厂走向成功的硬件，而坚持党的领导和矢志不渝的奉献精神是不可或缺的软件。多年来，中粮可口可乐北京厂始终坚持把党建与企业中心工作深度融合，用党建引领企业高质量发展。走进中粮可口可乐北京厂的大楼，中粮集团的口号标识"忠于国计、良于民生"清晰可见。中粮可口可乐北京厂生产技术部徐蕾在《我们为什么而工作》一文中写道："在工作中，我们不能太计较个人得失、部门得失，要服从大局，要看到公司需要你做什么，集团需要你做什么，国家需要你做什么。作为个人，我们如何能在工作中发挥更大的作用，做有益于公司的事、有益于集团的事、有益于国家的事，只有这样我们的工作才有意义。"或许，这是中粮可口可乐北京厂与全世界数百个可口可乐灌装厂的本质区别。

（陈知晖）

编后记

2020年2月，历时19年、共有400余人参与编修的《北京志·北京经济技术开发区志》正式出版发行。为了使志书更好发挥"存史、资政、教化"作用，2021年，结合党史学习教育的开展，经开区档案数据中心联合经开区融媒体中心，在《亦城时报》开设《跟着小亦读区志》栏目，以志书记述为导引推出原创故事系列报道，并集结为《跟着小亦读区志》一书，收获了广泛好评。

2023年，经开区档案数据中心依托以往的成功经验，推出《跟着小亦读区志（二）》，将目光转向经开区企业群体推出新一期系列报道，通过企业的发展看经开区从北京改革开放的试验田到高质量发展开路先锋的发展故事。经开区档案数据中心以"对历史负责、为现实服务"为宗旨，刊载文章均以《北京志·北京经济技术开发区志》记录史实为基础，深度挖掘背后的故事。原创系列故事报道均经历了查阅卷帙浩繁的档案资料、深度走访各企业元老员工以及对重大史实反复核实的过程，每篇文章均通过深入研讨选题、系统梳理资料、认真撰写打磨而成。

栏目推出的系列报道，不仅得到工委、管委会领导的明确指导，也得到京东方、拜耳医药、北京奔驰等区内企业的线索提示、走访支持、史实校正帮助。《亦城时报》张九江、颜丙文、林飞龙等编辑和设计人员，以及王维强、任彧、赵伸等专家顾问也为文章质量提升、汇集成书付出了大量心血和智慧，在此书正式出版之时，一并感谢。

由于本书反映的历史时间跨度较大、涉及史料繁杂，编写时间仓促，受编者水平和能力所限，难免有疏漏和不足之处，敬请读者赐教指正。

2023.12